Training
berufliche
Kommunikation

Erfolgreich bei Präsentationen

Trainingsmodul

von Volker Eismann

Training berufliche Kommunikation

Erfolgreich bei Präsentationen

Trainingsmodul

Erarbeitet von: Volker Eismann

Projektleitung am Goethe-Institut e.V. München:
Dr. Werner Schmitz, Abt. Sprache – Bildungskooperation Deutsch / Berufs- und Fachsprachen
Konzeption (Projektteam): Volker Eismann, Werner Schmitz, Konrad Wille, Robert Fallenstein
Arbeitsgruppen: Dr. Györgyi Szalay, Gábor Bordács, Robert Fallenstein (Goethe-Institut Budapest) /
Beatrix Hippchen, Christel Plümer, Konrad Wille (Goethe-Institut Barcelona)

Lektorat: Andrea Mackensen
Verlagsprojektleitung: Gunther Weimann

Illustrationen: Laurent Lalo
Umschlaggestaltung: Ellen Meister
Bildredaktion: Katja Huning, Berlin
Gestaltung und technische Umsetzung: Petra Eberhard, Berlin

Weitere Kursmaterialien:
Hinweise für den Unterricht
ISBN-13: 978-3-06-020370-3 / ISBN-10: 3-06-020370-9

www.cornelsen.de

Die Internetadressen und -dateien, die in diesem Lehrwerk angegeben sind, wurden vor
Drucklegung geprüft (Stand: Dezember 2005). Der Verlag übernimmt keine Gewähr für die
Aktualität und den Inhalt dieser Adressen und Dateien oder solcher, die mit ihnen verlinkt sind.

1. Auflage, 1. Druck 2006

Alle Drucke dieser Auflage sind inhaltlich unverändert und können im Unterricht
nebeneinander verwendet werden.

© 2006 Cornelsen Verlag, Berlin

Das Werk und seine Teile sind urheberrechtlich geschützt.
Jede Nutzung in anderen als den gesetzlich zugelassenen Fällen bedarf der vorherigen
schriftlichen Einwilligung des Verlages.
Hinweis zu § 52a UrhG: Weder das Werk noch seine Teile dürfen ohne eine solche Einwilligung
eingescannt und in ein Netzwerk eingestellt werden.
Dies gilt auch für Intranets von Schulen und sonstigen Bildungseinrichtungen.

Druck: CS-Druck CornelsenStürz, Berlin

ISBN-13: 978-3-06-020263-8
ISBN-10: 3-06-020263-X

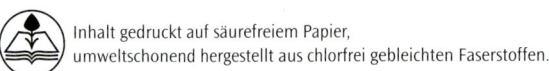
Inhalt gedruckt auf säurefreiem Papier,
umweltschonend hergestellt aus chlorfrei gebleichten Faserstoffen.

Vorwort

**Liebe Kursteilnehmerin,
lieber Kursteilnehmer,**[*)]

Situationen, in denen Sie Ihr Unternehmen, seine Leistungen oder Produkte zu präsentieren haben, gehören sicher zu Ihrem beruflichen Alltag.

Das vorliegende Trainingsmodul hilft Ihnen, diese Aufgabe auch in deutscher Sprache erfolgreich zu meistern. Wie alle Trainingsmodule der Reihe „Training berufliche Kommunikation" wurde es nach den Prinzipien des Gemeinsamen europäischen Referenzrahmens (GER) entwickelt und bei „Profile deutsch 2.0" als Grundlage für die Erstellung des Profils „Deutsch für Angestellte im Unternehmen" (Beispielprofil) verwendet.

Wir haben als Schauplatz für die Präsentationsgespräche die Messe gewählt, denn im Mittelpunkt des Messegeschehens stehen Informationen über Unternehmen, Produkte und Leistungen.
Nutzen Sie also die Gelegenheit, um sich für Ihre Präsentationen und Ihre Arbeit auf Messen sprachlich fit zu machen:

– Verbessern Sie Ihre Fähigkeit, Informationen über Unternehmen, Produkte und Leistungen einzuholen und zu präsentieren.
– Trainieren Sie gleichzeitig die sprachlichen Formulierungen, die Sie für Messegespräche brauchen: *Wie spreche ich einen Besucher an? Wie treffe ich Vereinbarungen mit Kunden? Wie komme ich mit Kollegen ins Gespräch?*
– Beschäftigen Sie sich mit kulturbedingten Verhaltensweisen und Erwartungen Ihrer deutschsprachigen Geschäftspartner und -partnerinnen, die vielleicht anders sind als Ihre eigenen.

Die Texte, die Ihnen das nötige Hintergrundwissen liefern, sind Praxistipps aus Fachbüchern und Fachzeitschriften. Fallbeispiele und Gesprächsszenarien, mit denen Sie trainieren, haben erfahrene Messeprofis erstellt.

Die Formulierungen, die Sie lernen und üben, sind noch einmal in Teil VI „Kommunikationsmittel" übersichtlich zusammengestellt: Das erleichtert Ihnen den schnellen Zugriff bei der Vorbereitung von Gesprächen, im Unterricht – und im Beruf.

Bei vielen Aufgaben haben Sie deshalb die Gelegenheit, Erfahrungen, Informationen und Unterlagen aus Ihrem eigenen Tätigkeitsbereich mit einzubringen und so zu bearbeiten, dass Sie bei Ihren nächsten Präsentationsgesprächen mit Ihren deutschsprachigen Partnern und Partnerinnen alle Karten in der Hand haben.

Wir wünschen Ihnen viel Spaß beim Training und viel Erfolg bei Ihren Präsentationen, zum Beispiel auf der Messe!

Der Autor und das Projektteam

[*)] Für die Bezeichnung von Personen verwenden wir an vielen Stellen die Doppelform (z. B. *Mitarbeiter und Mitarbeiterinnen*). Dort, wo es die Lesbarkeit des Textes allzu sehr erschwert, haben wir darauf verzichtet. Wir hoffen auf das Verständnis der Kursteilnehmerinnen.

Inhalt

I Informationen über Unternehmen, Produkte und Leistungen geben und einholen — 5
   A Kontakte mit deutschsprachigen Gesprächspartnern und -partnerinnen — 6
   B Sich selbst und das Unternehmen vorstellen — 7
   C Ein Unternehmen präsentieren — 11
   D Produkte und Leistungen präsentieren — 14

II Vor der Messe: Als Besucher/Besucherin oder Aussteller eine Messeteilnahme planen — 17
   A Entscheidungen zur Messeteilnahme oder zum Messebesuch erläutern — 18
   B Als Messebesucher/-besucherin: sich über Produkte informieren — 20
   C Als Aussteller: über Produkte informieren — 22
   D Kontaktaufnahmen am Messestand vorbereiten — 23

III Auf der Messe: Messegespräche führen — 29
   A Informative Gespräche führen — 30
   B Beratungsgespräche führen — 34

IV Auf der Messe: Kontakte pflegen — 39
   A Kollegen und Kolleginnen aus anderen Unternehmen kennen lernen — 40
   B Sich mit Geschäftspartnern und -partnerinnen unterhalten — 44

V Nach der Messe: in Kontakt bleiben — 47
   A Nachmessekontakte vorbereiten — 48
   B Bei Kunden und Kundinnen telefonisch nachfassen — 51

VI Kommunikationsmittel: Präsentation von Unternehmen und Produkten — 53

VII Hörtexte — 61

Training berufliche Kommunikation – eine Übersicht — 70

Hinweise

◎ Hörtext auf CD

▤ Kommunikationsmittel: Präsentation von Unternehmen und Produkten (Teil VI)

▯ Zusätzlicher Text mit Aufgaben in „Hinweise für den Unterricht"

Schriftliche Ausführung von Aufgaben: Dort, wo der Platz für Arbeitsblätter im Buch selbst nicht ausreicht und Sie auf „freiem Papier" arbeiten sollten, sind entsprechende Tabellen oder Schreibfelder nur angedeutet.

Teil I

Informationen über Unternehmen, Produkte und Leistungen geben und einholen

A Kontakte mit deutschsprachigen Gesprächspartnern und -partnerinnen

B Sich selbst und das Unternehmen vorstellen

C Ein Unternehmen präsentieren

D Produkte und Leistungen präsentieren

| Teil I | Teil II | Teil III | Teil IV | Teil V | Teil VI | Teil VII |

A Kontakte mit deutschsprachigen Gesprächspartnern und -partnerinnen

1. In welchen Situationen geben Sie Informationen über Ihr Unternehmen, seine Produkte oder Leistungen? Notieren Sie Stichworte. Berücksichtigen Sie dabei folgende Fragen.

Wer sind Ihre (deutschsprachigen) Gesprächspartner?	▪ *Geschäftspartner; Kunden, Lieferanten; andere Gesprächspartner*
Wo findet das Gespräch statt?	▪ *in Ihrem Unternehmen; in anderen Unternehmen; auf Messen; bei Vertriebspartnern*
Was ist der Anlass, welches sind die Ziele des Gesprächs?	▪ *Kontaktaufnahme; allgemeine Information; Vertrags-/Verkaufs- anbahnung; Kauf/Verkauf*
Welche Form hat das Gespräch?	▪ *Vortrag; Produktpräsentationen vor Zuhörern (z.B. auf Messen); Messe- bzw. Verkaufsgespräche; formelle Präsentationen bei Kunden, Geschäfts- oder Vertriebspartnern; informelle Kontakt- oder Informationsgespräche mit Interessenten, potenziellen Kunden (z.B. auch am Telefon)*
Wie häufig haben Sie solche Gespräche zu führen?	▪ *regelmäßig, häufig, manchmal*

Gesprächspartner/ Zuhörer	Gesprächsort	Gesprächsanlass und -ziele	Gesprächsform	Frequenz

2. In welchen Situationen holen Sie Informationen über andere Unternehmen, ihre Produkte oder Leistungen ein? Wann nehmen Sie als Zuhörer an Präsentationen teil? Notieren Sie Stichworte.

Gesprächspartner/ Vortragender	Gesprächsort	Gesprächsanlass und -ziele	Gesprächsform	Frequenz

3. Berichten Sie über solche Gespräche in Ihrer beruflichen Tätigkeit.

4. Unterscheiden sich diese Gespräche mit deutschsprachigen Gesprächspartnern und -partnerinnen von ähnlichen Gesprächen, die Sie im beruflichen Kontext mit Ihren eigenen Landsleuten führen? Diskutieren Sie im Kurs.

| Teil I | Teil II | Teil III | Teil IV | Teil V | Teil VI | Teil VII |

B   Sich selbst und das Unternehmen vorstellen

1. Sammeln Sie wichtige Informationen über das Unternehmen. Notieren Sie Stichworte. Verwenden Sie dabei die Unterlagen über Ihr oder ein anderes Unternehmen.

Name des Unternehmens	
Rechtsform	
Standort	
Branche/Tätigkeit	
Produkte/Dienstleistungen	
Zahl der Mitarbeiter	
Umsatz	
Absatz	
Zugehörigkeit zu … (Gruppe/Konzern)	
Mutter-/Tochterunternehmen	
Niederlassung(en)	
(wichtige) Unternehmensbereiche	

Die wichtigsten Rechtsformen von Unternehmen in Deutschland, Österreich und in der Schweiz

AG Aktiengesellschaft
GmbH Gesellschaft mit beschränkter Haftung
OHG offene Handelsgesellschaft
KG Kommanditgesellschaft
Personenfirma
Familienunternehmen

Die wichtigsten Branchen

Industrie
Auto, Autozubehör
Bau, Baustoffe
Chemie, Pharmaerzeugnisse
Druck
Elektronik, Elektrotechnik
Energieversorgung
Feinmechanik, Optik
Glas und Keramik
Holz, Möbel
Maschinenbau, Schiffbau
Metall (Erzeug., Halbprodukte)
Mineralöl
Nahrungs-, Genussmittel
Papier
Textil

Dienstleistungen
Verkehr
Tourismus
Verlag
Werbung
Bank
Versicherung
Beratung
Hotel, Gaststätte

Handel
Großhandel
Einzelhandel

Handwerk

Öffentlicher Dienst

 Text 1

| Teil I | Teil II | Teil III | Teil IV | Teil V | Teil VI | Teil VII |

2. Beschreiben Sie anhand der Stichworte das Unternehmen. Benutzen Sie dabei folgende Formulierungen.

Die Rechtsform eines nicht-deutschen Unternehmens erklären
- … (Name des Unternehmens) *ist* … (Rechtsform in Ihrem Land).
- *Das entspricht in ungefähr einer AG/…, aber/ allerdings …*
- *Das ist so etwas Ähnliches wie eine AG/… in Deutschland/Österreich/in der Schweiz. Allerdings mit dem Unterschied, dass …*
- *Das ist dasselbe wie eine … (Nur, dass …)*

Den Standort nennen
… (Name des Unternehmens)
- *steht / hat seinen Sitz in/bei …* (Stadt, Region, Land).
- *Das Stammhaus / Das Mutterunternehmen ist/ steht in …*

Ein Unternehmen (Größe und Branche) kennzeichnen
Wir sind … / … (Name des Unternehmens) *ist*
- *ein kleiner/mittelständischer/… Betrieb, …*
- *ein kleines/mittelständisches/großes/internationales Unternehmen, …*
- *eine kleine/mittelständische Firma, …*
  - *…, der/das/die in der Textilbranche / im Bereich Feinmechanik / in der Bauindustrie tätig ist.*
  - *…, der/das/die zur/zum … gehört.*
  - *…, der/das/die … herstellt/produziert/ anbietet.*
- *ein (…) Handelsunternehmen / ein (…) landwirtschaftlicher Betrieb.*

Wichtige Produkte, Dienstleistungen nennen
… (Name des Unternehmens)
- *stellt … her / produziert …*
- *verarbeitet … zu …*
- *entwickelt/baut/konstruiert …*
- *kauft / verkauft (an) … / handelt mit … / vertreibt … / bietet … an.*
- *transportiert/befördert/organisiert/installiert …*
- *ist (einer der größten) Anbieter/Hersteller von …*
- *ist spezialisiert auf … / ist Spezialist für …*

Quantitative Daten nennen
… (Name des Unternehmens)
- *beschäftigt (ungefähr/fast/über/mehr als) … Mitarbeiter.*
- *erzielt/hat einen (jährlichen) Umsatz von …*
- *hat einen Absatz von … (Stück) pro Jahr.*
- *setzt jedes Jahr … ab.*

Bei … (Name des Unternehmens)
- *sind … Mitarbeiter beschäftigt.*
- *gibt es insgesamt ungefähr … Mitarbeiter.*

Die Zahl der Mitarbeiter / Der Umsatz / Der Absatz …
- *beträgt / beläuft sich auf / liegt bei …*

Die Unternehmensstruktur erläutern
… (Name des Unternehmens)
- *ist eine Tochterfirma von …* (Name der Muttergesellschaft).
- *ist eine Zweigstelle/Niederlassung … von …* (Name der Muttergesellschaft).
- *ist ein Unternehmen / eine Organisation, das/die zu …* (Name der Muttergesellschaft) *gehört.*
- *ist Teil des … Konzerns, zu dem auch …* (andere Unternehmen) *gehören.*
- *gehört zu einem Konzern, der in …* (Ort) *seinen Sitz hat.*
- *gehört zu der … Gruppe, die …*

… (Name des Unternehmens)
- *hat/besitzt Niederlassungen/Filialen/Zweigstellen/Produktionsstätten in …*

B Sich selbst und das Unternehmen vorstellen

| Teil I | Teil II | Teil III | Teil IV | Teil V | Teil VI | Teil VII |

3. Beschreiben Sie Bereiche und Abteilungen des Unternehmens.

a Das Schema zeigt ein Beispiel einer Aufbauorganisation eines Unternehmens.
   Markieren Sie die Bereiche und Abteilungen, die es auch in Ihrewm Unternehmen gibt.

Beispiel einer Aufbauorganisation eines mittleren Industrie-Unternehmens

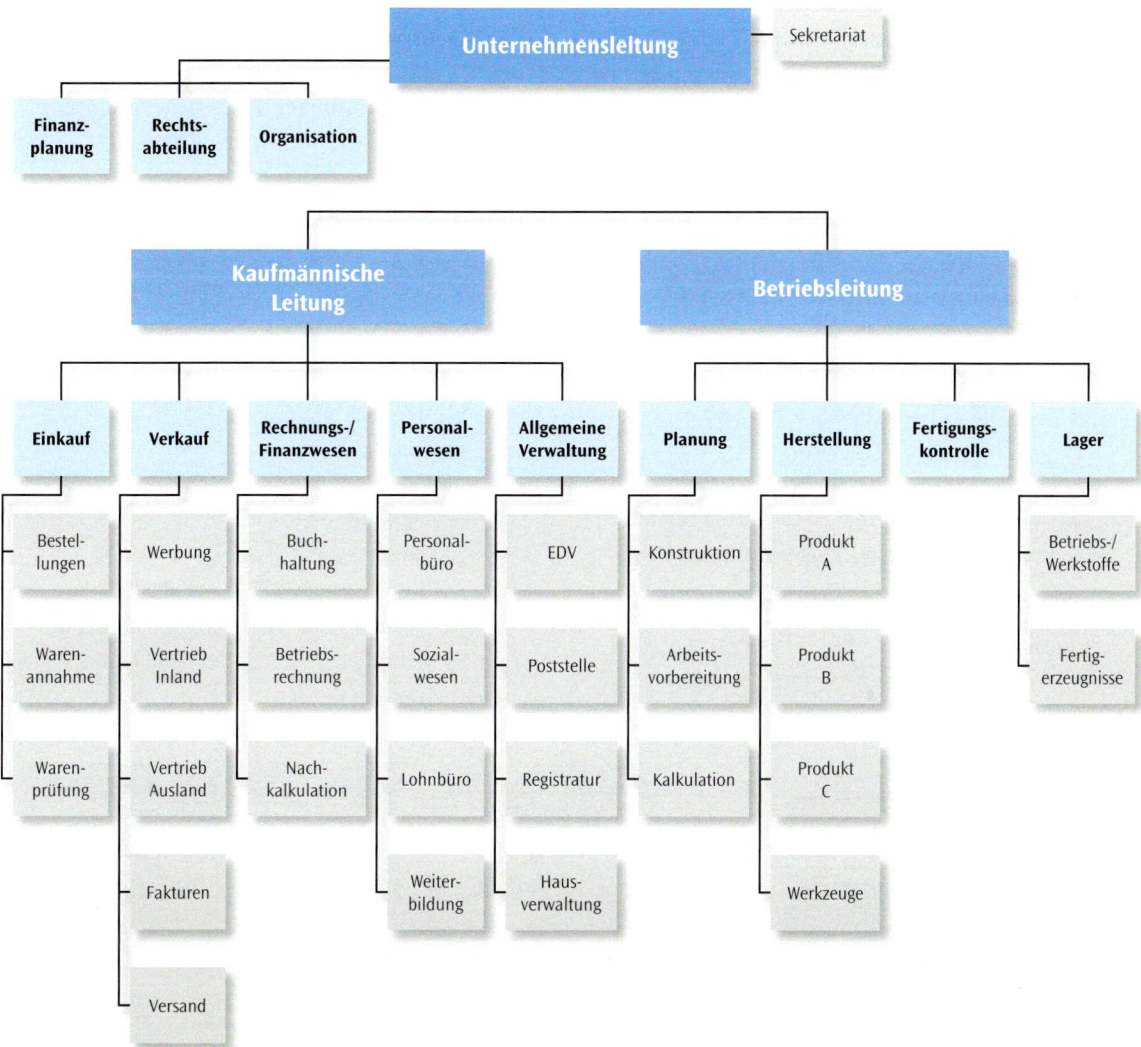

b Skizzieren Sie die Aufbauorganisation Ihres oder eines anderen Unternehmens.
S. 56 c Erläutern Sie im Kurs die Organisation des Unternehmens.

B Sich selbst und das Unternehmen vorstellen

| Teil I | Teil II | Teil III | Teil IV | Teil V | Teil VI | Teil VII |

4. Erläutern Sie Ihren eigenen Tätigkeitsbereich oder Ihre Tätigkeit im Unternehmen. Benutzen Sie dabei folgende Formulierungen.

Tätigkeiten und Tätigkeitsbereiche erläutern
- *Ich bin Mitarbeiter/Leiter der (Einkaufs-)abteilung.*
- *Ich bin in der …Abteilung tätig/beschäftigt.*
- *Ich bin zuständig für (die Beschaffung von) …*
- *Mein Zuständigkeitsbereich ist …*
- *Ich leite … / Ich kümmere mich um …*
- *Persönlich bin ich verantwortlich für …*
- *Ich habe häufig/viel mit … zu tun.*
- *Mein Aufgabenbereich ist …*
- *Zu meinen Aufgaben gehört es, … zu …*

5. Sie möchten Mitarbeiter und Mitarbeiterinnen aus anderen Abteilungen Ihres Unternehmens kennen lernen. Führen Sie mit verschiedenen Partnern und Partnerinnen Gespräche.

Begrüßen Sie sich.
Stellen Sie sich vor.
Reagieren Sie auf die Vorstellung Ihres Partners.
Stellen Sie Fragen und geben Sie Auskünfte (über Unternehmen, Abteilungen, Tätigkeiten).

Den Partner begrüßen, sich vorstellen
Guten Tag, (darf ich mich vorstellen,)
- *mein Name ist … / ich bin … / ich heiße …*
- *ich arbeite in … (Abteilung).*
- *ich bin tätig in … (Abteilung).*
- *ich bin seit … in …*
- *ich bin der/die neue … in der …Abteilung.*

Auf eine Begrüßung und Vorstellung reagieren
Guten Tag, Frau/Herr (Dr.) … (Name).
- *Freut mich, / Nett, Sie kennen zu lernen.*
- *Meine Name ist … / Ich bin …*

Ein paar freundliche Worte ergänzen
(Ach,) Sie arbeiten also in der …Abteilung.
- *Da werde ich ja öfters mit Ihnen zu sprechen/telefonieren/tun haben.*
- *Dann kennen Sie ja sicher Herrn/Frau …, das ist …*

(Ach,) Sie kommen von Firma … / Sie sind bei … tätig.
- *Das ist ja interessant. Wir … kaufen nämlich bei / verkaufen nämlich an / arbeiten nämlich mit …*

B Sich selbst und das Unternehmen vorstellen

| Teil I | Teil II | Teil III | Teil IV | Teil V | Teil VI | Teil VII |

C Ein Unternehmen präsentieren

1. Ergänzen Sie weitere Informationen zu den schon bekannten Daten des Unternehmensporträts. Notieren Sie Stichworte zu den Punkten (soweit relevant).

Name des Unternehmens	
Ergänzende Informationen	
Unternehmensleitung	
Unternehmensgründer	
Unternehmensgeschichte	
Entwicklung der Unternehmenstätigkeit	
Grundkapital	
Absatzentwicklung	
Umsatzentwicklung	
Gewinne/Verluste (Entwicklung)	
Investitionen (Entwicklung)	
Aktienkurs (Entwicklung)	
wichtige Absatzmärkte	
Marktposition (Entwicklung)	
Marktanteile (Entwicklung)	
Unternehmensphilosophie	
Zertifizierungen	
wichtige Kunden, Lieferanten, Partner	
besondere (aktuelle) Ereignisse	
Projekte, geplante Entwicklungen	
andere, wichtige Informationen	

S. 55 2. Arbeiten Sie zu zweit. Ihr Gesprächspartner oder Ihre Gesprächspartnerin will sich über Ihr Unternehmen informieren. Beantworten Sie seine/ihre Fragen, benutzen Sie die Formulierungen auf Seite 12.

Name des Unternehmens   *Branche, Produkte und Leistungen*

Absatz und Umsatz   *Größe des Unternehmens, Zahl der Mitarbeiter*

(internationale) Märkte   *deutschsprachige Kunden und Partner*

Geschäftsführer/Geschäftsführerin, Unternehmensleitung

Unternehmensgeschichte (z. B. Gründung, Entwicklung der Produktion)

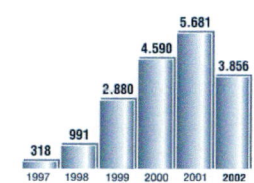
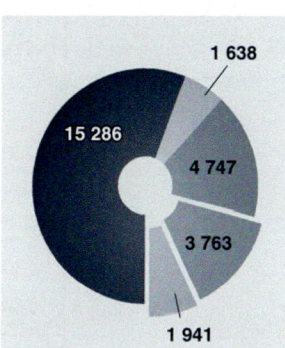

C Ein Unternehmen präsentieren

| **Teil I** | Teil II | Teil III | Teil IV | Teil V | Teil VI | Teil VII |

Entwicklungen beschreiben

Der Umsatz … / Die Zahl der Mitarbeiter … / Die Investitionen in … / Die Aktienkurse

- ist/sind *(in den letzten drei Jahren / seit dem letzten Jahr)* um …% gestiegen/gesunken.
- hat/haben um …% zugenommen/abgenommen.
- hat/haben sich um …% erhöht/vermindert.
- ist/sind von … auf … gestiegen/gesunken/ gefallen.
- hat/haben sich in … *(Zeitraum)* wenig/kaum verändert.
- ist/sind in … *(Zeitraum)* gleich/konstant/ unverändert geblieben.

Erklären, wer das Unternehmen leitet

- … *(Name des Unternehmens) wird von Herrn/ Frau … geführt/geleitet.*
- *Der/Die Geschäftsführer/in ist/heißt …*
- *Die Unternehmensleitung ist in den Händen von …*

Informationen zur Unternehmensgeschichte geben

… *(Name des Unternehmens)*

- *wurde … gegründet / besteht/existiert seit …*
- *hat eine …jährige Geschichte.*
- *stellt seit … Jahren … her / handelt seit … mit … / produziert/baut seit … (Zeitpunkt) … (Produkt).*
- *hat sich … (Zeitpunkt) auf … spezialisiert / hat … (Zeitpunkt) auf … umgestellt.*

Absatzmärkte und Marktposition beschreiben

… *(Name des Unternehmens)*

- *verkauft/vertreibt seine Produkte in … / auf dem … (inländischen) Markt an … (Kunden).*
- *ist (nur) auf dem … Markt vertreten.*
- *beliefert/versorgt … mit … / ist Zulieferer für die … Industrie.*
- *hat als Hauptkunden …*
- *ist Marktführer/Nummer eins im Bereich …*
- *hat einen Marktanteil von …% im Bereich …*

---

3. Bereiten Sie eine Unternehmenspräsentation vor. Arbeiten Sie in drei Gruppen (A, B, C).

Situation: Es handelt sich um einen Kurzvortrag (ca. fünf Minuten) vor einem kleinen Zuhörerkreis. Ihr Ziel ist, bei Ihren Zuhörern eine positive Einstellung gegenüber dem Unternehmen zu fördern.

Ihre Zuhörer sind …
Gruppe A: potenzielle Kunden Ihres Unternehmens;
Gruppe B: Geschäftspartner, mit denen Ihr Unternehmen eine Zusammenarbeit anbahnt;
Gruppe C: Journalisten, die sich im Rahmen einer Reportage über ihre Branche bzw. Gewerbe für Ihr Unternehmen interessieren.

a Notieren Sie Stichworte zu folgenden Fragen.

▶ Welche Informationen erscheinen Ihnen für dieses Publikum besonders oder weniger interessant?
▶ Welche stellen Sie an den Anfang, welche eher an das Ende Ihres Vortrags?
▶ Welche Informationen sollten Sie unbedingt durch Visualisierungen (Tafel, Folie, PowerPoint usw.) unterstützen?
▶ Welche vergangenen oder aktuellen Ereignisse oder Ergebnisse könnten Sie bei Ihrer Präsentation ansprechen, um Ihr Publikum zu interessieren?
▶ Welche zusätzlichen Unterlagen stellen Sie für Ihre Zuhörer bereit?

| Teil I | Teil II | Teil III | Teil IV | Teil V | Teil VI | Teil VII |

b   Notieren Sie Formulierungen, die Sie bei der Präsentation verwenden wollen.
c   Mit welcher Information, Anekdote oder „Kuriosität" könnten Sie die Präsentation beginnen, um das Interesse Ihrer Zuhörer und Zuhörerinnen zu wecken?

- Wenn man nach … kommt, sieht man schon von Weitem …
- Wussten Sie, dass …?
- Als vor 80 Jahren …, glaubte niemand daran / hätte niemand daran gedacht, dass …

4. **Präsentieren Sie das Unternehmen und beantworten Sie am Ende die Fragen der Zuhörer und Zuhörerinnen.**

a   Zwei Beobachter aus jeder Gruppe notieren Stichworte zu Passagen, in denen sprachliche Mängel die Kommunikation erschwert haben.

Inhaltspunkte	sprachliche Aspekte, die zu verbessern sind

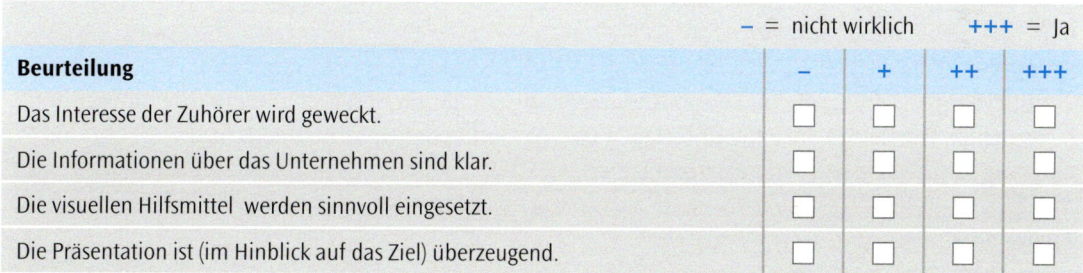

b   Suchen Sie gemeinsam nach Lösungen.
c   Diskutieren Sie auch den Ablauf der Präsentation (Auswahl und Reihenfolge der Informationen).

5. **Wiederholen Sie die Präsentation noch einmal. Berücksichtigen Sie dabei die Verbesserungsvorschläge.**

6. **Bewerten Sie die Präsentation und erläutern Sie anschließend Ihren Eindruck. Kreuzen Sie an.**

− = nicht wirklich   +++ = Ja

Beurteilung	−	+	++	+++
Das Interesse der Zuhörer wird geweckt.	☐	☐	☐	☐
Die Informationen über das Unternehmen sind klar.	☐	☐	☐	☐
Die visuellen Hilfsmittel werden sinnvoll eingesetzt.	☐	☐	☐	☐
Die Präsentation ist (im Hinblick auf das Ziel) überzeugend.	☐	☐	☐	☐

7. **Haben Sie die Beobachtung gemacht, dass sich Ihre deutschsprachigen Gesprächspartner und Gesprächspartnerinnen bei Unternehmenspräsentationen generell stärker für Informationen interessieren, die man bei Ihnen für weniger wichtig hält? Diskutieren Sie im Kurs.**

| Teil I | Teil II | Teil III | Teil IV | Teil V | Teil VI | Teil VII |

D Produkte und Leistungen präsentieren

Produkte werden in der Regel u.a. anhand der folgenden Kriterien beschrieben:	Für potenzielle Kunden/Käufer sind meistens weitere Informationen von Interesse:
Produktbezeichnung Produktnutzen, Anwendungsbereiche Produktmerkmale, technische Besonderheiten unterschiedliche Ausfertigungen, Modelle, Qualitäten	Preise (Preisklassen, Rabatte, Ermäßigungen) Lieferbedingungen (Lieferfristen, Lieferkosten, Verpackung …) Zahlungsbedingungen (Zahlungsfristen/Zahlungsziel, Zahlungsart, Skonto …) Garantieleistungen, Service, Kundendienst, technische Beratung

1. **Stellen Sie Informationen über die Produkte und Leistungen Ihres Unternehmens zusammen. Erläutern Sie im Kurs wichtige Aspekte.**

a Formulieren Sie Fragen, die häufig von Käufern, Verwendern, Vertriebspartnern über die Produkte oder Leistungen des Unternehmens gestellt werden.

- Wozu dient …?
- Wo/Wann/Wie verwendet man …?
- Kann man … auch bei/zu … verwenden/benutzen/einsetzen?
- Was unterscheidet … von … (anderen Produkten)?
- Welche Vorteile/Besonderheiten hat … im Vergleich zu … (Konkurrenzprodukten)?
- Welche unterschiedlichen Ausführungen/Qualitäten/Modelle … gibt es?
- Wird bei der Herstellung … (Material) verwendet?
- Welche Garantieleistungen bieten Sie?

- Entsprechen Ihre Produkte den Vorschriften für …?
- Welches sind die Preise pro Einheit/Stück / pro … (Menge) bei Abnahme von … (Menge)?
- Gibt es Ermäßigungen/Rabatte bei … (Abnahme von …)?
- Mit welchen Lieferfristen muss man rechnen, wenn man …?
- Welches sind die Lieferbedingungen für …?
- Wie teuer ist …? Welche Kosten entstehen, wenn …?

S. 56 b Notieren Sie Fachbegriffe und Formulierungen, die Sie für ein Gespräch über diese Produkte brauchen. Werten Sie dazu die Unterlagen über Produkte des Unternehmens aus.

Produkt	
Produktmerkmale	
Anwendungs-/Einsatzbereiche	
Produktnutzen	
technische Verfahren	

2. **Arbeiten Sie zu zweit. Informieren Sie Ihren Gesprächspartner oder Ihre Gesprächspartnerin (Kunde/Kundin) über die Produkte und Leistungen Ihres Unternehmens.**

a Notieren Sie Punkte im Gespräch, bei denen Ihnen die geeigneten, sprachlichen Mittel gefehlt haben (z. B. um technische Besonderheiten zu erklären).

b Suchen Sie gemeinsam nach Lösungen.

c Wechseln Sie die Rollen und führen Sie ähnliche Gespräche.

| **Teil I** | Teil II | Teil III | Teil IV | Teil V | Teil VI | Teil VII |

3. **Stellen Sie Informationen für eine Produktpräsentation zusammen. Arbeiten Sie in vier Gruppen (A, B, C, D).**

Situation: Sie haben den Auftrag, ein Produkt bzw. Produkte Ihres Unternehmens zu präsentieren. Ihr Ziel ist, bei Ihren Zuhörern eine positive Einstellung gegenüber diesen Produkten zu bewirken.

Ihre Zuhörer sind …

Gruppe A: (potenzielle) Vertriebspartner, die zu der Produktpräsentation ins Unternehmen eingeladen wurden;

Gruppe B: Messebesucher, die sich allgemein informieren wollen;

Gruppe C: Fachbesucher (darunter auch Kunden und Geschäftspartner), die zu einer Produktpräsentation eingeladen wurden;

Gruppe D: Journalisten, die sich im Rahmen einer Reportage für die Produkte Ihres Unternehmens interessieren.

a   Notieren Sie Stichworte zu den Sachinformationen, die Sie geben wollen.
▶ Welche Informationen erscheinen Ihnen für dieses Publikum besonders/weniger interessant?
▶ Welche Informationen stellen Sie an den Anfang, welche eher an das Ende Ihres Vortrags?
▶ Welche Informationen sollten Sie unbedingt durch Visualisierungen (Tafel, Folie, PowerPoint usw.) unterstützen?
▶ Welche zusätzlichen Unterlagen stellen Sie bereit?

b   Notieren Sie Formulierungen, die Sie bei der Präsentation verwenden werden.

4. **Wählen Sie eine geeignete Strategie, um die Aufmerksamkeit und das Interesse Ihrer Zuhörer und Zuhörerinnen zu gewinnen. Berücksichtigen Sie dabei die AIDA-Formel.**

Eine der bekannten „Verkaufsformeln", die AIDA-Formel, sieht vier Schritte vor, um einen Zuhörer zu überzeugen.

A	=	ATTENTION	=	Aufmerksamkeit des Kunden/Benutzers erreichen
I	=	INTEREST	=	Interesse wecken
D	=	DESIRE	=	das Interesse verstärken, sodass ein Kaufwunsch entsteht
A	=	ACTION	=	Abschluss: eine entsprechende Handlung auslösen

Welche besonderen Ergebnisse, Ereignisse, Erfolge oder Projekte können Sie erwähnen, um Aufmerksamkeit und Interesse Ihrer Zuhörer zu wecken?

geplante Sortimentserweiterung   *Umstellung der Produktion auf …*

Vielleicht können Sie eine der folgenden Formulierungen für den „Einstieg" verwenden.

Eine Produktpräsentation einleiten
- *Sie alle kennen das Problem mit …!*
- *Haben Sie sich schon mal überlegt, wie hoch der Aufwand an Zeit für … ist / die Kosten für … sind?*
- *Wie oft im vergangenen Monat haben Sie sich darüber geärgert, dass …?*
- *Wenn Sie die neuesten Umfrageergebnisse über … gelesen haben, dann wissen Sie, dass …*
- *Wir haben uns deshalb etwas Neues einfallen lassen: …*
- *Wir haben uns, genau wie Sie, darüber geärgert – und eine Lösung gesucht: …*

D   Produkte und Leistungen präsentieren

| Teil I | Teil II | Teil III | Teil IV | Teil V | Teil VI | Teil VII |

Welche Reaktionen Ihrer Zuhörer wollen Sie auslösen?

Terminvereinbarung für ein Messegespräch   *Vereinbarung über den Besuch eines Fachberaters*

Anforderung von Unterlagen/Prospekten   *Auftrag/Kauf/Bestellung*

Übernahme des Produkts in das Sortiment des Handelsunternehmens

Welche geeignete Abschlussformulierung bereiten Sie vor?

> Eine Produktpräsentation abschließen
> - Ich empfehle Ihnen deshalb, …
> - Nutzen Sie deshalb die Gelegenheit, …
> - Für Interessenten habe ich hier … (Unterlagen/Proben …)
> - Wenn Sie … erwägen, können wir Ihnen gerne …
> - Bevor ich mich verabschiede, möchte ich Sie darauf hinweisen, / Sie daran erinnern, dass …

5. **Präsentieren Sie das Produkt oder die Leistung und beantworten Sie am Ende die Fragen der Zuhörer und Zuhörerinnen.**

   a Zwei Beobachter aus jeder Gruppe notieren Stichworte zu Passagen, in denen sprachliche Mängel die Kommunikation erschwert haben.

Inhaltspunkte	sprachliche Aspekte, die zu verbessern sind

   b Suchen Sie gemeinsam nach Lösungen.
   c Diskutieren Sie auch den Ablauf der Präsentation (Auswahl und Reihenfolge der Informationen).

6. **Wiederholen Sie die Präsentation noch einmal. Berücksichtigen Sie dabei die Verbesserungsvorschläge.**

7. **Bewerten Sie die Präsentation und erläutern Sie anschließend Ihren Eindruck. Kreuzen Sie an.**

   − = nicht wirklich   +++ = Ja

Beurteilung	−	+	++	+++
Das Interesse der Zuhörer wird geweckt.	☐	☐	☐	☐
Die Informationen über das Unternehmen sind klar.	☐	☐	☐	☐
Die visuellen Hilfsmittel werden sinnvoll eingesetzt.	☐	☐	☐	☐
Die Präsentation ist (im Hinblick auf das Ziel) überzeugend.	☐	☐	☐	☐

8. **Haben Sie die Beobachtung gemacht, dass sich Ihre deutschsprachigen Gesprächspartner und -partnerinnen bei Produktpräsentationen generell stärker für Informationen interessieren, die man bei Ihnen für weniger wichtig hält? Diskutieren Sie im Kurs.**

D Produkte und Leistungen präsentieren

Teil II

A Entscheidungen zur Messeteilnahme oder zum Messebesuch erläutern

B Als Messebesucher/-besucherin: sich über Produkte informieren

C Als Aussteller: über Produkte informieren

D Kontaktaufnahmen am Messestand vorbereiten

Vor der Messe: als Besucher/Besucherin oder Aussteller eine Messeteilnahme planen

A Entscheidungen zur Messeteilnahme oder zum Messebesuch erläutern

1. **Ihr Unternehmen hat sich für eine Messeteilnahme oder den Besuch einer Messe entschieden. Beantworten Sie die Fragen und berichten Sie.**

   ▶ Um welche Messe(n) handelt es sich? (Produktbereiche, Messestandort)
   ▶ Warum ist die Messe von besonderem Interesse für Ihr Unternehmen?
   ▶ Welche Messeziele verfolgt Ihr Unternehmen als Aussteller oder als Besucher?
      Orientieren Sie sich an der Übersicht auf Seite 19.

2. **Für welche Ziele des Unternehmens ist die Messe ein besonders geeignetes Instrument? Entsprechen die Angaben in der Grafik Ihren eigenen Erfahrungen bei Messeteilnahmen? Diskutieren Sie im Kurs.**

Die Messe im Kommunikations-Mix*		
Eignung der Messe zur Erreichung von Absatzzielen Für … % der Unternehmen sind Messen geeignet:		Rangplatz der Messen unter den Instrumenten
Steigerung der Bekanntheit des Unternehmens / Imagepflege	85 %	1.
Auffrischung bestehender Kundenkontakte	70 %	2.
Neukundenwerbung	70 %	2.
Demonstration von Marktpräsenz	63 %	2.
Einführung/Vorstellung neuer Produkte	60 %	2.
Steigerung der Bekanntheit von Produkten	58 %	1.
Informationsaustausch/-sammlung	50 %	1.
Erkennung von Kundenwünschen	50 %	2.
Beeinflussung von Kundenentscheidungen	33 %	3.
Verkaufs-/Vertragsabschluss	29 %	2.

* Messefunktions- und Pontenzial-Analyse des EMNID-Instituts im Auftrag des AUMA (1.105 befragte Unternehmen)

Messeziele

Ausgewählte Besucherziele sind:
- Marktüberblick, auch über benachbarte Fachbereiche verschaffen
- Konjunkturelle Situation und Perspektiven abschätzen
- Preise und Konditionen vergleichen
- Suche nach bestimmten Produkten
- Neue Produkte und Anwendungsmöglichkeiten sehen
- Trends erkennen
- Orientierung über technische Funktion und Beschaffenheit bestimmter Produkte oder Anlagen
- Information über Lösungen zu anstehenden Problemen
- Tagungen und Sonderschauen besuchen
- Persönliche Weiterbildung
- Anregungen für die eigene Produkt- und Sortimentsgestaltung
- Geschäftskontakte ausbauen bzw. knüpfen
- Aufträge erteilen, Vertragsabschlüsse
- Kontakt mit vergleichbaren Firmen suchen
- Abschätzung einer möglichen Beteiligung als Aussteller

Ausgewählte Ausstellerziele sind:
Übergeordnete Beteiligungsziele
- Kennenlernen neuer Märkte (Marktnischen entdecken)
- Überprüfung der Konkurrenzfähigkeit
- Erkundung von Exportchancen
- Orientierung über Branchensituation
- Austausch von Erfahrungen
- Anbahnung von Kooperationen
- Beteiligung an Fachveranstaltungen
- Erkennen von Entwicklungstrends
- Neue Märkte für das Unternehmen / das Produkt erschließen
- Kopplung einer Messebeteiligung mit ergänzenden Maßnahmen (Aktionen, Seminaren, Betriebsbesichtigungen)

- Kennenlernen der Wettbewerber (Welcher Konkurrent stellt auf welcher Messe aus?)
- Steigerung des Absatzes

Kommunikationsziele
- Ausbau persönlicher Kontakte
- Kennenlernen neuer Abnehmergruppen
- Steigerung des Bekanntheitsgrades des Unternehmens
- Steigerung der Werbewirkung des Unternehmens gegenüber Kunden und Öffentlichkeit
- Vervollständigung der Abnehmerkartei
- Ausbau der Pressearbeit
- Diskussion mit Abnehmern über Wünsche und Ansprüche
- Pflege der bestehenden Geschäftsbeziehungen (Kontaktpflege)
- Sammlung neuer Marktinformationen
- Umsetzung der Corporate-Design-Konzeption
- Weiterbildung für Forschung und Vertrieb durch Erfahrungsaustausch

Preis-Konditionsziele
- Auftreten am Markt mit überzeugenden Serviceleistungen
- Auslotung von Preisspielräumen

Distributionsziele
- Ausbau des Vertriebsnetzes
- Abschätzung der Ausschaltung einer Handelsstufe
- Vertretersuche

Produktziele
- Akzeptanz des Sortiments am Markt testen
- Vorstellung von Prototypen
- Neuplatzierung eines Produktes am Markt testen
- Vorstellung von Produktinnovationen
- Ausweitung des Sortiments

 **Erfolgreiche Messebeteiligung**

| Teil I | **Teil II** | Teil III | Teil IV | Teil V | Teil VI | Teil VII |

B Als Messebesucher/-besucherin: sich über Produkte informieren

Als Messebesucher oder -besucherin haben Sie sicher u. a. die folgenden Ziele:

Sie suchen nach bestimmten Produkten.
Sie interessieren sich für neue Produkte und Anwendungsmöglichkeiten.
Sie möchten sich über die technische Funktion und Beschaffenheit bestimmter Produkte informieren.
Sie suchen nach Lösungen zu anstehenden Problemen.

1. **Welche Produktbereiche und Hersteller sind für Ihr Unternehmen bei einem Messebesuch von Interesse? Machen Sie eine Liste.**

2. **Notieren Sie wichtige Fachbegriffe und Formulierungen, die Sie für ein Gespräch über diese Produkte brauchen. Werten Sie dabei soweit möglich Unterlagen von Herstellern dieser Produkte aus.**

Produkt	
Produktmerkmale	
Anwendungs-/Einsatzbereiche	
Produktnutzen	
technische Verfahren	
weitere Informationen	

3. **Notieren Sie Fragen, die Sie am Messestand stellen werden. Welche Antworten wären für Sie befriedigend? Notieren Sie Stichworte.**

Fragen zu Produkt(bereich)/Leistung/Hersteller	erwünschte Antworten
1.	1.
2.	2.
3.	3.

4. **Zu welchen Bedingungen werden diese Produkte üblicherweise angeboten? Welche besonderen Forderungen oder Wünsche haben Sie? Notieren Sie Stichworte.**

	übliche Bedingungen	Ihre Forderungen/Wünsche
Preise		
Lieferbedingungen		
Zahlungsbedingungen		
technische Beratung		
Garantieleistungen		
weitere Informationen		

| Teil I | **Teil II** | Teil III | Teil IV | Teil V | Teil VI | Teil VII |

5. **Welche Informationen über Ihr Unternehmen sind wichtig für den Standmitarbeiter oder Standmitarbeiterin des Ausstellerunternehmens, damit er/sie Sie optimal beraten kann?**

a   Markieren Sie in der Liste Informationen, die wichtig (+) und besonders wichtig (++) sind.
b   Ergänzen Sie weitere wichtige Informationen.

Informationen über Ihr Unternehmen								
	+	++		+	++		+	++
Name des Unternehmens	☐	☐	Standort(e)	☐	☐	Qualitätskontrolle	☐	☐
Rechtsform	☐	☐	Zahl der Mitarbeiter	☐	☐	Umweltschutz	☐	☐
Tätigkeitsbereich/Branche	☐	☐	Umsatz	☐	☐	Absatzmärkte	☐	☐
Produkte	☐	☐	Forschung und Entwicklung	☐	☐	wichtige Kunden	☐	☐

Weitere Informationen
geplante Sortimentserweiterung _____ ☐ ☐
_____ ☐ ☐

Informationen über Produkte (Leistungen) Ihres Unternehmens	+	++
1. _____	☐	☐
2. _____	☐	☐
3. _____	☐	☐
_____	☐	☐

6. **Führen Sie Informationsgespräche mit Herstellern über die Produkte, die für Sie von Interesse sind. Arbeiten Sie mit verschiedenen Partnern und Partnerinnen.**

a   Notieren Sie Punkte im Gespräch, die Ihnen sprachlich Schwierigkeiten bereiten.
b   Suchen Sie gemeinsam nach Lösungen.
c   Wechseln Sie die Rollen und führen Sie ähnliche Gespräche.

B Als Messebesucher/-besucherin: sich über Produkte informieren

| Teil I | Teil II | Teil III | Teil IV | Teil V | Teil VI | Teil VII |

C Als Aussteller: über Produkte informieren

1. **Wie können Sie bei einem Besucher oder einer Besucherin ein positives Bild Ihres Unternehmens schaffen?**

   a Markieren Sie in der Liste Informationen, die Ihnen dafür geeignet (+) oder besonders geeignet (++) erscheinen.

   b Ergänzen Sie weitere Informationen, die Sie auch für geeignet halten.

Informationen über Ihr Unternehmen								
	+	++		+	++		+	++
Name des Unternehmens	☐	☐	Standort(e)	☐	☐	Qualitätskontrolle	☐	☐
Rechtsform	☐	☐	Zahl der Mitarbeiter	☐	☐	Umweltschutz	☐	☐
Tätigkeitsbereich/Branche	☐	☐	Umsatz	☐	☐	Absatzmärkte	☐	☐
Produkte	☐	☐	Forschung und Entwicklung	☐	☐	wichtige Kunden	☐	☐

Weitere Informationen
geplante Sortimentserweiterung _____ ☐ ☐
_____ ☐ ☐

2. **Welche Fragen zum Unternehmen, zu seinen Produkten oder Leistungen erwarten Sie? Welche Antworten bereiten Sie vor? Notieren Sie Stichworte.**

Fragen	Antworten
1.	1.
2.	2.

3. **Zu welchen Bedingungen werden diese Produkte bei Ihnen angeboten? Welchen Verhandlungsspielraum geben Sie sich (z. B. für Verkaufsabschlüsse auf der Messe)?**

	bei Ihnen übliche Bedingungen	Verhandlungsspielraum
Preise		
Lieferbedingungen		
Zahlungsbedingungen		
technische Beratung		
Garantieleistungen		

4. **Welche Informationen über das Unternehmen und dessen Produkte brauchen Sie, um den Besucher oder die Besucherin gut beraten zu können? Notieren Sie Fragen.**

   1. _____
   2. _____
   _____

5. **Informieren und beraten Sie interessierte Kunden und Kundinnen. Führen Sie mit verschiedenen Partnern und Partnerinnen Gespräche.**

   a Notieren Sie Punkte im Gespräch, die Ihnen sprachlich Schwierigkeiten bereiten.

   b Suchen Sie gemeinsam nach Lösungen.

   c Wechseln Sie die Rollen und führen Sie ähnliche Gespräche.

| Teil I | Teil II | Teil III | Teil IV | Teil V | Teil VI | Teil VII |

D Kontaktaufnahmen am Messestand vorbereiten

1. **Was erwarten Sie, wie reagieren Sie, wenn Sie einen Messestand betreten? Kreuzen Sie an.**

	Ja	Nein
1. Ich erwarte, umgehend von einem Standmitarbeiter angesprochen zu werden.	☐	☐
2. Ich möchte zunächst mal Zeit haben, mich in Ruhe umzusehen.	☐	☐
3. Ich möchte selbst die Initiative zum Gespräch ergreifen können.	☐	☐
4. Ich erwarte, dass sich Standarbeiter mit Ihrem Namen vorstellen.	☐	☐
5. Ich finde es aufdringlich, wenn man mich sofort nach meinem Namen fragt.	☐	☐
6. Ich erwarte, dass man mich zum Sitzen auffordert und mir etwas zum Trinken anbietet.	☐	☐
7. Ich beantworte grundsätzlich keine Fragen über mein eigenes Unternehmen.	☐	☐
8. Es ärgert mich, wenn man mir etwas zeigen will, was ich nicht brauche.	☐	☐
9. Ich erwarte, dass man mir eine ausführliche Dokumentation übergibt.	☐	☐
10. Ich lasse mir Unterlagen grundsätzlich nur zuschicken.	☐	☐

2. **Die Grafik zeigt die Zufriedenheit von Fachbesuchern und -besucherinnen mit dem Empfang am Messestand. Sehen Sie sich die Grafik an und beantworten Sie die Fragen.**

▶ Welche Defizite auf Seiten der Standmitarbeiter können diese Ergebnisse erklären?
▶ Was haben sie möglicherweise versäumt oder falsch gemacht?
▶ Welche Gründe für diese Unzufriedenheit sind vielleicht bei den Besuchern selbst zu suchen?

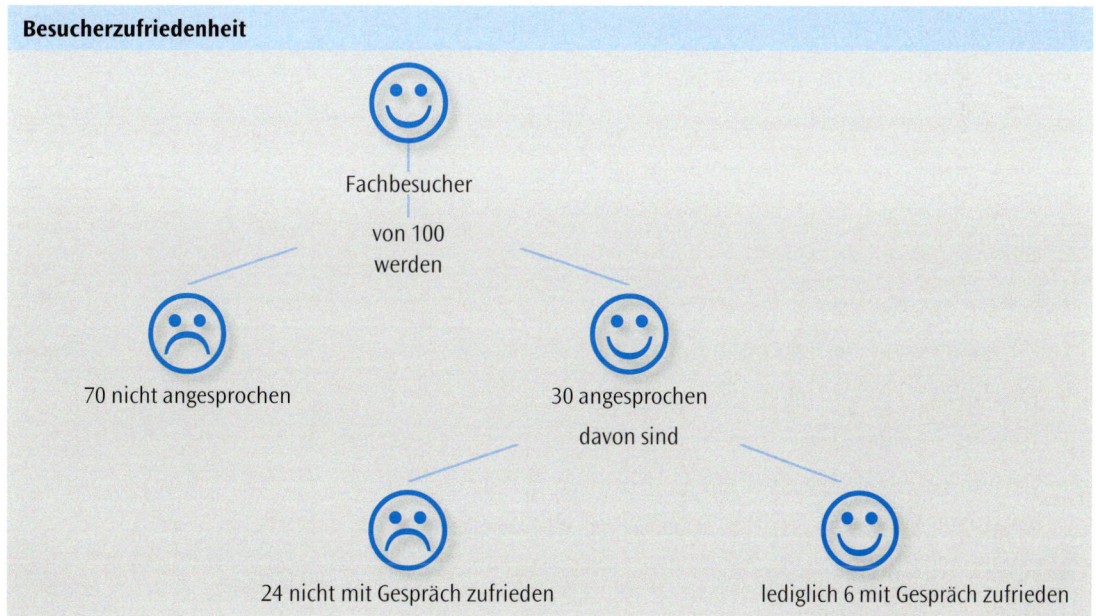

(aus: Messen optimal nutzen)

| Teil I | Teil II | Teil III | Teil IV | Teil V | Teil VI | Teil VII |

3. **Haben Sie Verhaltensweisen bei Standmitarbeitern und -mitarbeiterinnen von Unternehmen aus Deutschland, Österreich und der Schweiz beobachtet, die sich von denen Ihrer Landsleute unterscheiden? Diskutieren Sie im Kurs.**

▶ Sind Ihnen Unterschiede beim Empfang, beim Umgang mit Besuchern aufgefallen?
▶ War Ihnen das eher unangenehm oder angenehm?
▶ Wie haben Sie darauf reagiert?

 Text 2

4. **Im Artikel „Kontakte: die Profi-Anmache" werden vier Phasen eines Messegesprächs beschrieben.**

1. Besucheransprache   2. Anwärmphase   3. Überzeugungsphase   4. Abschlussphase

In welcher dieser Phasen 1–4 soll der Standmitarbeiter oder -mitarbeiterin Ihrer Meinung nach die folgenden Empfehlungen beachten? Kreuzen Sie an.

Empfehlung		1	2	3	4
a	Bedürfnisse oder Probleme des Besuchers herausfinden	☐	☐	☐	☐
b	Das eigene Unternehmen und sich selbst vorstellen	☐	☐	☐	☐
c	Den Besucher von Zeit zu Zeit mit seinem Namen ansprechen	☐	☐	☐	☐
d	Zeigen, dass man sich persönlich für den Besucher interessiert	☐	☐	☐	☐
e	Die Passanten genau beobachten	☐	☐	☐	☐
f	Einwände und Gegenargumente konstruktiv behandeln	☐	☐	☐	☐
g	Gemeinsam mit dem Besucher Schritte zur Zielerreichung aufzeichnen	☐	☐	☐	☐
h	Konkrete Lösungen schildern	☐	☐	☐	☐
i	Konkrete Vereinbarungen treffen und festhalten	☐	☐	☐	☐
j	Sich nach der Firma des Besuchers und seinem Namen erkundigen	☐	☐	☐	☐
k	Versuchen, Blickkontakt aufzunehmen	☐	☐	☐	☐
l	Visitenkarten austauschen	☐	☐	☐	☐
m	Während des Gesprächs Protokoll führen	☐	☐	☐	☐
n	Zeigen, dass Ihr Unternehmen entscheidenden Nutzen bringen kann	☐	☐	☐	☐
o	Zwischenergebnisse festhalten	☐	☐	☐	☐

(Mehrfachnennungen möglich)

D Kontaktaufnahmen am Messestand vorbereiten

5. **Lesen Sie den Artikel.**

a Lesen Sie die Einleitung des Artikels. Welche Faktoren erschweren die Kontaktaufnahme mit den Messebesuchern?

b Lesen Sie den Artikel ganz. Überprüfen Sie Ihre Antworten und markieren Sie wichtige, ergänzende Ratschläge für jede Phase.

Kontakte:
die Profi-Anmache

Bepackt mit Broschürenbergen und zudem in Zeitnot: Wie lassen sich selbst solche Messebesucher an Ihren Stand locken? Erfahrene Praktiker wissen Rat. So funktioniert die Kundenansprache.

Die meisten Messebesucher entscheiden aus dem Bauch heraus, mit welchem Aussteller sie später in Kontakt bleiben wollen. Hier setzt die Strategie der Könner an. Beginnend mit der gezielten Ansprache über die so genannte Anwärmphase bis zur Überzeugungsrunde. Gemeinsam mit dem Kommunikationstrainer Reinhard Philippi, Chef der Münchner Faircom Messeberatung, entwickelte *impulse* einen beispielhaften Gesprächs-Leitfaden:

„*Wie gefällt Ihnen unser Stand?*"

Besucheransprache
Ziel: Sympathie gewinnen
Zeit: nicht länger als zwei Minuten

Beobachten Sie die Passanten genau. Wenn jemand sich in irgendeiner Form interessiert zeigt – sei es, indem er stehen bleibt, Ihre Slogans liest oder Ihre Modelle betrachtet –, versuchen Sie, Blickkontakt aufzunehmen.

Entschließen Sie sich einfach, die Person zumindest für die nächsten Minuten zu mögen. Das strahlt garantiert auf sie aus. Wer Messebesucher in erster Linie für Tütensammler hält, wird dagegen zwangsläufig genervt dreinschauen und alles andere als einladend wirken.

„Was hat Sie an unseren Stand geführt?" oder „Möchten Sie sich etwas genauer umsehen?" eröffnet das Gespräch. Zeigt Ihr Gegenüber Interesse, stellen Sie Ihr Unternehmen und sich selbst vor.

Achtung: „Wie heißen Sie?" als erste Frage ist unpassend, falls sich Ihr Gesprächspartner nicht von sich aus vorstellt. Erkundigen Sie sich zunächst nach seiner Firma und erst danach nach seinem Namen. Die umgekehrte Reihenfolge wirkt aufdringlich.

„*Wofür speziell interessieren Sie sich?*"

Anwärmphase
Ziel: Interesse wecken
Zeit: höchstens drei Minuten

Wechseln Sie in Gedanken den Platz und versetzen Sie sich in die Lage des Besuchers. Wenig, dafür aber umso einfühlsamerer Smalltalk über Anreise und Messe-Eindrücke zeigt ihm, dass Sie sich persönlich für ihn interessieren.

Mit „Was haben Sie sich schon angesehen?" fragen Sie sich immer näher an die Motive seines Messebesuchs sowie mögliche Bedürfnisse oder Probleme heran. Wichtig: Wer fragt, führt. Grundsätzlich sollten Sie dabei die Fragen aus der Perspektive des anderen stellen und Ihr Gegenüber zum Subjekt des Satzes machen. Also: „Welche Produkte möchten Sie sich ansehen?" statt „Was darf ich Ihnen zeigen?".

Offene Fragen – wer, was, wo, wann, wie, warum – halten das Gespräch aufrecht. Denn sie lassen sich nicht mit einem „ja" oder „nein" abtun, sondern bringen Antworten, an die Sie anknüpfen können. Auch der Austausch von Visitenkarten findet nun statt. Gehen Sie auf die erhaltene Information ein, zum Beispiel so: „Sie sind Vertriebsleiter. Da kommen sicher viele Entscheidungen auf Sie zu?" Und sprechen Sie Ihr Gegenüber von Zeit zu Zeit mit seinem Namen an. Das zeigt, wie wichtig er Ihnen ist.

D Kontaktaufnahmen am Messestand vorbereiten

Überzeugungsphase
Ziel: Leistung darlegen
Zeit: Fünf Minuten sollten ausreichen

„Könnte Sie folgende Lösung weiterbringen?"

Jetzt geht es zur Sache: Zeigen, dass genau Ihr Unternehmen diesem Kunden den entscheidenden Nutzen bringen kann. Um es vorzustellen, haben Sie etwa 30 Sekunden Zeit. Danach nimmt die Neugier eines Interessenten in der Regel rapide ab.

Vor allem auf Messen zählt der persönliche Eindruck; fachliche Details bleiben späteren Treffen vorbehalten. Also schütten Sie ihn nicht mit technischem Know-how zu, sondern reagieren auf die zuvor erfragten Bedürfnisse. „Dank unserer intelligenten Fräsmaschinen können unsere Kunden vielfältige Kantenbearbeitungen anbieten" sagt nun einmal mehr als „Wir sind Marktführer auf dem Gebiet der Fräsmaschinen". Wenn Sie aufmerksam zuhören statt Produktvorteile herunterzubeten, ergeben sich die Argumente wie von selbst. Schildern Sie konkrete Lösungen, die Ihre Firma anderswo bereits konzipiert hat. „Das könnte bei Ihnen bedeuten ..."

Führen Sie während der Unterhaltung ein Protokoll mit Zeichnungen und Skizzen – zur Not auch auf einer Serviette. Zeichnen Sie dem Interessenten die Schritte zum Ziel auf. Und beteiligen Sie ihn! So hat er das Gefühl, die Strategie selbst mit erarbeitet zu haben.

Geben Sie ihm das Ergebnis mit. Wenn er daheim seine Tasche auspackt, wird dieses grafische Brainstorming unter all den Hochglanzbroschüren auffallen und ihm Ihr Gespräch wieder lebhaft vor Augen führen.

Abschlussphase
Ziel: Ergebnisse festklopfen
Zeit: rund drei Minuten

„Bis zu unserem Treffen am ..."

Ihr Gespräch bietet nur dann Nutzen, wenn es eine Konsequenz zeitigt. Auf Messen kommt es kaum zum Vertragsabschluss, sondern eher zum Verabreden weiterer Telefonate oder Treffen. Mit Fragen wie „Welche Unterlagen könnten Ihnen helfen, auch Ihre Kollegen von diesem Konzept zu überzeugen?" beweisen Sie erneut, dass Sie den Blickwinkel Ihres Gegenübers einnehmen. Er fühlt sich verstanden und nicht gedrängt.

Gegenargumente und Kritik fangen Sie konstruktiv auf: „Ich bin froh, dass Sie diesen Punkt anschneiden" hat schon manchem Nörgler den Wind aus den Segeln genommen. Und mit „eben – darum" kontern Verhandlungsprofis souverän Kritikpunkte: „Eben weil unsere Firma klein ist, können wir viel flexibler reagieren als andere."

Wenn der Interessent an dieser Stelle nicht von sich aus auf weitere Schritte zu sprechen kommt, können Sie einen erweiterten Präsentationstermin anbieten. Vergewissern Sie sich, indem Sie die Vereinbarung noch einmal wiederholen: „Habe ich richtig verstanden, wir werden also ...?"

(aus: Impulse)

| Teil I | Teil II | Teil III | Teil IV | Teil V | Teil VI | Teil VII |

6. Welche der genannten Empfehlungen sind Ihrer Erfahrung nach besonders wichtig?

7. Der Artikel nennt Beispiele von „Tabus in Messegesprächen", d. h. von Formulierungen, die Standmitarbeiter und -mitarbeiterinnen vermeiden sollten.

	Tabus in Messegesprächen	1–5	a–e
Sie sprechen einen Besucher an:	„Kann ich Ihnen helfen?"		
Sie eröffnen das Gespräch:	„Kennen Sie unser Unternehmen / unsere Produkte?"		
Sie wollen den Besucher überzeugen:	„Das ist genau das Richtige für Sie!"		
Sie verfügen nicht über eine gewünschte Information:	„Da muss ich erst einmal in der Zentrale nachfragen."		
Sie reagieren auf einen Einwand:	„Ja, aber …"		

a Welche der folgenden Erklärungen passen? Notieren Sie 1–5.

Erklärungen
1. Bei solchen Reaktionen auf Einwände entsteht der Eindruck, Sie würden Argumente abtun wollen.
2. Wissensfragen dieser Art könnten den Besucher in Verlegenheit bringen. Niemand gibt gerne Bildungslücken zu.
3. Inkompetenz gefährdet das Geschäft. Beweisen Sie Service-Qualitäten!
4. Das nervt. Folge: „Nein, danke." – das Ende des Gesprächs.
5. Der Besucher möchte selbst entscheiden, was das Richtige für ihn ist.

b Welche alternativen Formulierungen sind zu empfehlen? Notieren Sie a–e.

alternative Formulierungen
a „Könnte Sie folgende Lösung weiterbringen?"
b „Gern erkundige ich mich, ob wir auch in dieser Form liefern können."
c „Wie gefällt Ihnen unser Stand?"
d „Gut, dass Sie darauf zu sprechen kommen …" oder „Gerade weil Ihnen das wichtig ist …"
e „Wofür speziell interessieren Sie sich?"

c Ergänzen Sie weitere Beispiele aus dem Artikel. Welche Erklärungen werden dafür gegeben?

Formulierungen, von denen abgeraten wird	Formulierungen, die empfohlen werden
1.	1.
2.	2.

 Text 3

D Kontaktaufnahmen am Messestand vorbereiten

| Teil I | Teil II | Teil III | Teil IV | Teil V | Teil VI | Teil VII |

8. Standmitarbeiter und -mitarbeiterinnen möchten sich ein möglichst genaues Bild vom Profil und vom Bedarf des Besuchers oder der Besucherin machen und notieren diese Informationen im Messebericht.

a Schauen Sie sich das Modell eines Messeberichts an.
   Welche Informationen sind für ein Messeberichtsformular Ihres eigenen Unternehmens relevant? Markieren Sie.
b Welche Informationen würden Sie noch ergänzen?
c Entwerfen Sie ein Messeberichtsformular für Ihr Unternehmen.

Messebericht

Messe:	Name AD:	Datum:
Gesprächspartner:		

Firma:	(Feld für Visitenkarte)
Position:	

Bereich: Geschäftsführung ☐
          Technische Leitung ☐
          Kaufmännische Leitung ☐
          Forschung und Entwicklung ☐
          Planung ☐
          Produktion ☐
          Einkauf ☐

Anschrift:

zusätzlich Kontakt aufnehmen
Name:
Telefon: Position:
Fax: Telefon:

Art des Unternehmens		**Mitarbeiter**	**Kategorie**
Hersteller ☐	Anwender ☐	1–50 ☐	Kunde A ☐ B ☐ C ☐
Händler ☐	Hochschule ☐	51–100 ☐	inaktiver Kunde ☐
Importeur ☐	Institut ☐	101–500 ☐	Noch-nicht-Kunde ☐
Exporteur ☐	Behörde ☐	501–1000 ☐	
Weiterverarbeiter ☐	Sonstiges ☐	über 1000 ☐	

Gesprächsinhalt	
Interesse an Produkt 1. 2.	Sonstiges
Angebot erbeten ☐	Demonstrationstermin i. Werk vereinbart ☐
Anzahl/Volumen:	Investition geplant für:
Beratung ☐	Investitionsvolumen:
Muster schicken ☐	Besuchstermin vereinbart:

Arbeitet bisher mit System:
Wettbewerber:
Erfahrung:

Bemerkungen:

Interne Anmerkung / zu erledigen
           Termin sofort per Fax bestätigen ☐   Angebot vorbereiten ☐

(aus: Messen optimal nutzen)

Teil III

Auf der Messe: Messegespräche führen

A Informative Gespräche führen
B Beratungsgespräche führen

| Teil I | Teil II | **Teil III** | Teil IV | Teil V | Teil VI | Teil VII |

A Informative Gespräche führen

> **Fallbeispiel: Firma Schreiner Group (1)**
> Die Firma Schreiner Group ist Spezialist für Etiketten und Selbstklebetechnik.
> Das Unternehmen nimmt als Aussteller an der Hannover-Messe teil.
> Herr Laschka ist Standleiter der Firma. Er spricht einen Besucher an, der sich auf dem Stand umsieht.
> Während des Gesprächs notiert Herr Laschka wichtige Informationen im Messeberichtsformular.

1. Informieren Sie sich im Internet über das Unternehmen und seine Produkte und die Hannover-Messe.
   Schreiner: www.schreiner-group.de   Hannover-Messe: www.hfi.de

⊙ ▶2 2. Hören Sie das Gespräch zwischen Herrn Laschka und dem Standbesucher.
   Notieren Sie wichtige Informationen im Messebericht auf Seite 31.

3. Welchen Eindruck haben Sie von den Zielen des Besuchers? Kreuzen Sie an.

Der Besucher …	
– will sich nur mal allgemein erkundigen.	☐
– weiß schon genau, was er sucht.	☐
– zeigt echtes Interesse.	☐
– hat keine ernsthafte Absicht, ins Geschäft zu kommen.	☐

Welche Hinweise darauf finden Sie im Gespräch?
Zu welchem Ergebnis führt das Gespräch?

4. Wie beurteilen Sie die Gesprächsführung des Standmitarbeiters? Orientieren Sie sich dabei an den Empfehlungen für die Phasen eines Messegesprächs.

a Nennen Sie Beispiele von Empfehlungen, die Herr Laschka berücksichtigt bzw. nicht berücksichtigt.

1. Besucheransprache
 1. Die Passanten genau beobachten
 2. Versuchen, Blickkontakt aufzunehmen
 3. Sich nach der Firma des Besuchers und seinem Namen erkundigen

2. Anwärmphase
 4. Das eigene Unternehmen und sich selbst vorstellen
 5. Den Besucher von Zeit zu Zeit mit seinem Namen ansprechen
 6. Zeigen, dass man sich persönlich für den Besucher interessiert
 7. Visitenkarten austauschen

3. Überzeugungsphase
 8. Während des Gesprächs Protokoll führen
 9. Zwischenergebnisse festhalten
 10. Bedürfnisse oder Probleme des Besuchers herausfinden
 11. Zeigen, dass Ihr Unternehmen entscheidenden Nutzen bringen kann
 12. Einwände und Gegenargumente konstruktiv behandeln
 13. Konkrete Lösungen schildern
 14. Gemeinsam mit dem Besucher Schritte zur Zielerreichung aufzeichnen

4. Abschlussphase
 15. Konkrete Vereinbarungen treffen und festhalten

b Wo fördert die Gesprächsführung des Standmitarbeiters den guten Kontakt mit dem Kunden?
c Wo würden Sie ein anderes Vorgehen bei der Gesprächsführung vorschlagen?

| Teil I | Teil II | **Teil III** | Teil IV | Teil V | Teil VI | Teil VII |

5. Hören Sie das Gespräch noch einmal. Überprüfen und ergänzen Sie Ihre Antworten in Aufgabe 4.

6. Führen Sie mit einem Partner oder einer Partnerin das Messegespräch am Stand der Firma Schreiner Group.

Text 3

Messebericht

Messe:		Name AD:	Datum:
Gesprächspartner			
Firma: Position:		(Feld für Visitenkarte)	
Bereich:	Geschäftsführung ☐ Technische Leitung ☐ Kaufmännische Leitung ☐ Forschung und Entwicklung ☐ Planung ☐ Produktion ☐ Einkauf ☐		
Anschrift: Telefon: Fax:		zusätzlich Kontakt aufnehmen Name: Position: Telefon:	
Art des Unternehmens		**Mitarbeiter**	**Kategorie**
Hersteller ☐ Händler ☐ Importeur ☐ Exporteur ☐ Weiterverarbeiter ☐	Anwender ☐ Hochschule ☐ Institut ☐ Behörde ☐ Sonstiges ☐	1–50 ☐ 51–100 ☐ 101–500 ☐ 501–1000 ☐ über 1000 ☐	Kunde A ☐ B ☐ C ☐ inaktiver Kunde ☐ Noch-nicht-Kunde ☐
Gesprächsinhalt			
Interesse an Produkt 1. 2.		Sonstiges	
Angebot erbeten ☐ Anzahl/Volumen Beratung ☐ Muster schicken ☐		Demonstrationstermin i. Werk vereinbart ☐ Investition geplant für: Investitionsvolumen: Besuchstermin vereinbart:	
Arbeitet bisher mit System: Wettbewerber: Erfahrung:			
Bemerkungen:			
Interne Anmerkung / zu erledigen			
Termin sofort per Fax bestätigen ☐			Angebot vorbereiten ☐

A Informative Gespräche führen

| Teil I | Teil II | **Teil III** | Teil IV | Teil V | Teil VI | Teil VII |

7. Bereiten Sie ein informatives Gespräch am Messestand vor.

Situation:

Standmitarbeiter: Sie sind Standmitarbeiter Ihres Unternehmens, das als Aussteller an einer Messe teilnimmt.
Sie führen mit einem Besucher ein Gespräch. Sie möchten sich ein möglichst genaues Bild vom Profil und vom Bedarf des Besuchers machen und notieren diese Informationen im Messebericht.
Am Ende des Gesprächs versuchen Sie, zu einer konkreten Vereinbarung (z.B. Nachmessekontakt, Zustellung von Unterlagen …) zu gelangen und die Informationen, die Sie aufgezeichnet haben, zu überprüfen.

Standbesucher: Sie besuchen einen Messestand eines Unternehmens, das für Ihre Firma interessante Produkte herstellt.
Sie sind nicht sicher, ob das Angebot des Herstellers für Sie wirklich von Interesse ist und möchten sich deshalb zunächst nur genauer informieren. Mögliche weitere Schritte machen Sie von den Gesprächsergebnissen abhängig.

Standmitarbeiter:
Stellen Sie Informationen über Ihr Unternehmen und seine Produkte zusammen.
Legen Sie den Messebericht bereit, um alle wichtigen Informationen über Ihren Besucher zu notieren.

Standbesucher:
Bestimmen Sie Ihr eigenes „Kundenprofil" und notieren Sie Stichworte zu den folgenden Punkten.

Unternehmen	
Verantwortungsbereich	
Produkt, für das Sie sich interessieren	
Informationen, die Sie erhalten wollen	
Vereinbarungen, die Sie vielleicht treffen wollen	

32

A Informative Gespräche führen

| Teil I | Teil II | **Teil III** | Teil IV | Teil V | Teil VI | Teil VII |

8. **Informieren Sie einen Besucher oder eine Besucherin am Messestand über die Produkte Ihres Unternehmens.**

a Führen Sie mit einem Partner oder einer Partnerin das Gespräch und notieren Sie wichtige Informationen im Messebericht.

Fragen Sie im Gespräch gegebenenfalls nach:

- *Darf ich Sie fragen, …?*
- *Ich hätte mir gern kurz notiert, …*
- *Damit ich das anschließend nicht vergesse: …?*
- *Vielleicht sagen Sie mir kurz noch etwas mehr über Ihr Unternehmen: …?*
- *Darf ich noch mal kurz auf … zurückkommen? Ich hätte gern gewusst, …*
- *Um Ihnen hier präzise zu antworten, wäre es gut zu wissen, …*

Überprüfen Sie wichtige Informationen oder Vereinbarungen noch einmal am Ende des Gesprächs:

- *Darf ich noch mal kurz überprüfen, ob ich das richtig notiert habe? …*
- *Ich fasse noch mal kurz zusammen: …*
- *Ich habe mir Folgendes notiert: …*

b Zwei Beobachter beurteilen die Gesprächsführung. Werden die folgenden Gesprächstechniken verwendet? Wenn ja, wie oft? Kreuzen Sie an und notieren Sie Stichworte.

Beurteilung	
Der Standmitarbeiter …	
– spricht den Besucher mit seinem Namen an.	☐
– macht deutlich, dass er sich persönlich für den Besucher interessiert.	☐
– stellt Fragen, um Bedürfnisse/Probleme des Besuchers herauszufinden.	☐
– zeigt, warum seine Produkte dem Besucher Nutzen bringen können.	☐
– zeigt konkrete Lösungen auf.	☐
– hält Zwischenergebnisse fest.	☐
– überprüft Informationen und Vereinbarungen.	☐

c Erläutern Sie die Beobachtungsergebnisse.
d Diskutieren Sie gemeinsam die Gesprächsführung.
e Bei welchen Gesprächspunkten gab es sprachlich bedingte Probleme (Wortschatz, Strukturen …)? Suchen Sie gemeinsam nach Lösungen.

9. **Führen Sie das Gespräch noch einmal. Berücksichtigen Sie dabei die Verbesserungsvorschläge.**

A Informative Gespräche führen

| Teil I | Teil II | **Teil III** | Teil IV | Teil V | Teil VI | Teil VII |

B   Beratungsgespräche führen

1. In „Messen optimal nutzen" (von Elke Clausen und Peter Schreiber) werden sieben Phasen eines Messegesprächs unterschieden. Für die verschiedenen Phasen des Gesprächs empfehlen die Autoren die hier genannten Fragen oder Vorgehensweisen.

   a   Lesen Sie die Vorschläge zum Vorgehen bei Messegesprächen.

   ### 1. Ansprache des Messebesuchers

   Standmitarbeiter: „Guten Tag, Sie wollen sich sicherlich erst einmal umschauen oder suchen Sie etwas Bestimmtes?"

   Messebesucher: …

   Standmitarbeiter: „Wir haben dieses Jahr den Stand in folgende Informationszellen unterteilt: 1. …, 2. …, 3. … Welches Sachgebiet kommt für Sie infrage?"

   Messebesucher: …

   ### 2. Identifikation des Messebesuchers

   Standmitarbeiter: „Ich bin … und mache … Darf ich fragen, aus welcher Stadt Sie kommen?"

   ### 3. Analyse des Bedarfs / der Bedürfnisse des Messebesuchers

   Messebesucher: „Was gibt es Neues?"

   Standmitarbeiter: „Wir zeigen dieses Jahr auf unserem Stand A, B, C. Was kommt davon für Sie infrage?"

   Messebesucher: …

   Standmitarbeiter: „Darf ich fragen, an welche Anwendung Sie dabei denken?"

   Messebesucher: …

   Standmitarbeiter: „Interessieren Sie in diesem Zusammenhang mehr die technischen oder die kaufmännischen Aspekte?"

   Messebesucher: …

   ### 4. Wecken des Problembewusstseins beim Messebesucher

   Der Mitarbeiter sollte dem Besucher (…) Fragen stellen, die ihm seine persönliche Arbeitspraxis vor Augen führen:
   - Wie macht er (es) zurzeit?
   - In welchen Fällen / bei welchen Bearbeitungen kommt es bei ihm vor, dass …?
   - Welche Rolle spielt für ihn dabei …?
   - Wäre es für ihn unter diesen Aspekten interessant, eine Lösung zu haben, die …?

   ### 5. Präsentation und Argumentation der Lösungsansätze

   Nur wenn er (der Standmitarbeiter) sicher ist, dass er auf dem Messestand eine Kaufentscheidung herbeiführen kann, darf er alle Register ziehen und mit seiner professionellen Präsentation und Argumentation loslegen.

   Muss er aber annehmen, dass der Kunde sich jetzt noch nicht entscheiden wird, könnte es für (den Standmitarbeiter) fatal sein, wenn er ihn (den Besucher) bis ins kleinste Detail informieren würde.

   Standmitarbeiter: „Herr …, wenn ich es richtig verstanden habe, ist es für Sie wichtig und von Interesse …"

   Standmitarbeiter: „Entspricht die vorgestellte Lösung grundsätzlich Ihren Vorstellungen und Anforderungen?"

6. Preisnennung und Preiserklärung

Messebesucher: „… was kostet das eigentlich …?"

Standmitarbeiter: „Dieses (neue Softwaremodell mit den Schnittstellen zu Ihren Programmen X und Y …) bekommen Sie je nach Anzahl der Arbeitsplätze zwischen 150 und 200 Euro pro Platz … Wie haben Sie bisher Ihre Mitarbeiter bei der Einführung einer neuen Software geschult?"

Messebesucher: „Das erscheint mir allerdings sehr teuer!"

Standmitarbeiter: „Ja, zunächst investieren Sie bei der einmaligen Anschaffung etwas mehr … Für Sie wird es deshalb wichtig sein, was Sie auf Dauer durch … an Arbeitsschritten, Kosten und Zeit einsparen werden. … Dazu noch eine Frage: Ab wann möchten Sie gerne diese neue Lösung nutzen?"

7. Kaufsignale, Vereinbarungen und Auftrag

Messebesucher: „Welche Optionen gibt es dazu?"

Standmitarbeiter: „Wir können Ihnen dazu A, B und C anbieten – was davon kommt für Sie infrage?"

Messebesucher: „Wie lange ist die Lieferzeit?"

Standmitarbeiter: „Normalerweise 6–4 Wochen. Bis spätestens wann brauchen Sie es denn?"

Standmitarbeiter: „Prima, dann ist ja alles klar, lassen Sie uns gemeinsam notieren, was wir in die Wege leiten müssen …"

b Besprechen Sie im Plenum die folgenden Fragen.
▶ Welche Ziele verfolgt der Standmitarbeiter in den verschiedenen Phasen?
▶ Was möchte er jeweils erreichen oder vermeiden?
▶ Welche Techniken setzt er dabei ein?

2. Wie könnten Sie diese Techniken in einem Gespräch mit einem Kunden oder einer Kundin, der/die sich für Produkte Ihres Unternehmens interessiert, umsetzen? Machen Sie Vorschläge für konkrete Fragen oder Erklärungen.

Ihre Fragen an den Kunden	Mögliche Antworten des Kunden
1.	
2.	
3.	

Mögliche Fragen des Kunden	Ihre Antworten
1.	
2.	
3.	

| Teil I | Teil II | **Teil III** | Teil IV | Teil V | Teil VI | Teil VII |

> **Fallbeispiel: Firma Schreiner Group (2)**
> Herr Laschka empfängt am Stand der Firma Schreiner Group Herrn Dargahi, den Bereichsleiter für das Bibliothekswesen der Stadt Köln.
> Herr Laschka und Herr Dargahi hatten bisher nur einen kurzen, telefonischen Kontakt.
> Bei dem Gespräch geht es insbesondere um Transponder-Etiketten, die die Firma Schreiner Group in ihrem Angebot führt.
> Transponder-Etiketten enthalten einen Mikro-Chip und ermöglichen es z. B., die Ausleihe und die Rückgabe von Büchern elektronisch zu erfassen.

3. **Informieren Sie sich über das Produkt auf der Internetseite von der Firma Schreiner Group.**
   www.schreiner-group.de
   (Suchwort: Transponder-Etiketten)

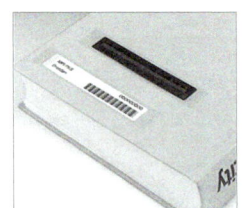

Text 4

4. **Hören Sie das Gespräch zwischen Herrn Laschka und Herrn Dargahi. Was trifft Ihres Erachtens auf den Besucher zu? Kreuzen Sie an.**

1. Er weiß genau, was er sucht.	☐
2. Er kennt seinen Bedarf, aber er hat noch keine klare Vorstellung von den möglichen Lösungen.	☐
3. Das Gespräch dient ihm eher zur allgemeinen Orientierung.	☐
4. Sein besonderes Interesse gilt den kaufmännischen Aspekten.	☐
5. Für ihn stehen die technischen Fragen im Vordergrund.	☐
6. Er scheint eher organisatorische Verantwortung zu tragen.	☐
7. Er kann über eine eventuelle Auftragsvergabe allein entscheiden.	☐
8. Er müsste eine Auftragsvergabe wahrscheinlich mit anderen Verantwortlichen abstimmen.	☐

Welche Hinweise darauf gibt es im Gespräch?

5. **Erläutern Sie die wichtigsten Gesprächspunkte.**

   ▶ Für welche Probleme sucht Herr Dargahi Lösungen?
   ▶ Welche Vorschläge macht Herr Laschka, welche Lösungen bietet er an?
   ▶ Welche Vereinbarungen werden getroffen?

6. **Wie beurteilen Sie die Gesprächsführung von Herrn Laschka? Diskutieren Sie im Kurs.**

| Teil I | Teil II | **Teil III** | Teil IV | Teil V | Teil VI | Teil VII |

⊙ ▶3 **7. Welche der sieben Phasen erkennen Sie im Gespräch zwischen Herrn Laschka und Herrn Dargahi wieder? Hören Sie das Gespräch noch einmal und kreuzen Sie an.**

1. Ansprache des Messebesuchers	☐
2. Identifikation des Messebesuchers	☐
3. Analyse des Bedarfs / der Bedürfnisse des Messebesuchers	☐
4. Wecken des Problembewusstseins beim Messebesucher	☐
5. Präsentation und Argumentation der Lösungsansätze	☐
6. Preisnennung und Preiserklärung	☐
7. Kaufsignale, Vereinbarungen und Auftrag	☐

8. Lesen Sie das Gespräch (Seite 63) und beantworten Sie die folgenden Fragen.

a Mit welchen Argumenten stellt der Standmitarbeiter die Kompetenz des Unternehmens und die Leistung der Produkte heraus?

b Welche Formulierungen im Gespräch dienen dazu, Vorschläge zu unterbreiten, auf Vorschläge zu reagieren und Vereinbarungen zu bestätigen?

c Geht der Standmitarbeiter Ihres Erachtens genügend auf die Probleme des Besuchers ein? Hört er „aktiv" zu? Überprüfen Sie die Gesprächsführung von Herrn Laschka im Text.

Die folgenden Formulierungen signalisieren dem Gesprächspartner „aktives Zuhören" und geben ihm Gelegenheit, ein Problem zu vertiefen oder eine Äußerung zu korrigieren.

Aktiv zuhören
- Sie haben das Gefühl, dass …
- Aus Ihrer Perspektive …
- Ich habe den Eindruck, dass …
- Sagen Sie mir, wenn ich mich irre …
- Ich frage mich, ob …
- Trifft es zu, dass …?
- Habe ich Sie richtig verstanden …?
- Es klingt so, als ob …
- Ich überlege gerade, ob für Sie das Richtige wäre, wenn …
- Es scheint, dass Sie …

d Wo würden Sie „nachfragen" und „aktives Zuhören" signalisieren? Machen Sie Vorschläge.

9. Führen Sie mit einem Partner oder einer Partnerin das Beratungsgespräch am Messestand der Firma Schreiner Group.

Standmitarbeiter: Versuchen Sie, sich bei der Gesprächsführung an das Schema „Sieben Phasen eines Messegesprächs" zu halten. Signalisieren Sie Ihrem Gesprächspartner „aktives Zuhören".

Standbesucher: Machen Sie Ihre Bereitschaft, mit dem Aussteller möglicherweise eine Geschäftsbeziehung anzubahnen, von der Entwicklung des Gesprächs abhängig. Lassen Sie sich nicht zu schnell überzeugen!

B Beratungsgespräche führen

| Teil I | Teil II | **Teil III** | Teil IV | Teil V | Teil VI | Teil VII |

10. **Bereiten Sie ein Beratungsgespräch am Messestand vor.**

Situation: Sie sind Standmitarbeiter Ihres Unternehmens, das als Aussteller an einer Messe teilnimmt. Ein Besucher meldet sich an Ihrem Stand. Er erläutert Ihnen das Problem (Herstellung, Logistik, Vertrieb …), für das er eine Lösung sucht. Sie beraten ihn.

Standmitarbeiter: Stellen Sie Informationen über Ihr Unternehmen und seine Produkte zusammen. Soweit Ihnen Preise, Zahlungs- und Lieferbedingungen Ihres Unternehmens vertraut sind, erweitern Sie den Verhandlungsspielraum für das Gespräch und die möglichen Gesprächsziele und -ergebnisse.
Verantwortlicher Mitarbeiter eines Besucher-Unternehmens: Bestimmen Sie Ihr eigenes „Kundenprofil" und notieren Sie Stichworte.

Unternehmen	
Verantwortungsbereich	
Produkt, für das Sie sich interessieren	
Informationen, die Sie erhalten wollen	
Vereinbarungen, die Sie vielleicht treffen wollen	
Probleme, für die Sie eine Lösung suchen	
Ihre konkreten Gesprächsziele (z. B.: allgemeine Information, Zusendung von Unterlagen, konkrete Vereinbarung über eine Präsentation oder über den Besuch eines Fachberaters, Zusendung eines Angebots)	

11. **Beraten Sie einen Besucher oder eine Besucherin am Messestand. Führen Sie das Gespräch mit einem Partner oder einer Partnerin. Notieren Sie wichtige Informationen im Messebericht.**

a Zwei Beobachter beurteilen die Gesprächsführung. Werden die folgenden Gesprächsbeiträge verwendet? Notieren Sie anhand der Strichliste.

Beurteilung

Der Standmitarbeiter …
- spricht den Besucher mit seinem Namen an.
- macht deutlich, dass er sich persönlich für den Besucher interessiert.
- stellt Fragen, um Bedürfnisse/Probleme des Besuchers herauszufinden.
- zeigt, warum seine Produkte dem Besucher Nutzen bringen können.
- signalisiert „aktives Zuhören".
- hält Zwischenergebnisse fest.
- überprüft Informationen und Vereinbarungen.

b Erläutern Sie die Beobachtungsergebnisse.
c Diskutieren Sie gemeinsam die Gesprächsführung.
d Bei welchen Gesprächspunkten gab es sprachlich bedingte Probleme (Wortschatz, Strukturen …)? Suchen Sie gemeinsam nach Lösungen.

12. **Wiederholen Sie das Gespräch noch einmal. Berücksichtigen Sie dabei die Verbesserungsvorschläge.**

Teil IV

Auf der Messe: Kontakte pflegen

A Kollegen und Kolleginnen aus anderen Unternehmen kennen lernen

B Sich mit Geschäftspartnern und -partnerinnen unterhalten

A Kollegen und Kolleginnen aus anderen Unternehmen kennen lernen

Im Artikel „Tritt in den größtmöglichen Fettnapf" werden für verschiedene Kulturkreise unterschiedliche Kommunikationsregeln beschrieben. Sie gelten für die Kommunikation zwischen Gesprächspartnern, die sich nicht oder nur oberflächlich kennen.
Diese Regeln bleiben oft unbewusst. Sie steuern das eigene Verhalten und liefern den Maßstab, mit dem das Verhalten des anderen gemessen und beurteilt wird.

1. Welche Kommunikationsregeln zwischen deutschsprachigen Gesprächspartnern und -partnerinnen werden hier beschrieben? Welche Regeln werden über Ihr eigenes Land genannt bzw. welche Regeln gelten Ihrer Erfahrung nach in Ihrem Land? Lesen Sie den Artikel und notieren Sie Stichworte.

1. **Distanz** zwischen Gesprächspartnern		
2. **Smalltalk**	bevorzugte Gesprächsthemen	
	Themen, die eher gemieden werden	
	Komplimente	

Tritt in den größtmöglichen Fettnapf

Andere Länder, andere Sitten – das gilt nicht zuletzt auch für Kommunikationsregeln. Wer ihre internationalen Rituale nicht kennt oder befolgt, manövriert sich auch beim Smalltalk schnell ins Abseits.

Im Fernen Osten und in Europa zum Beispiel gilt die Frage nach Gehalt oder Jahresverdienst als Tritt in den größtmöglichen Fettnapf. In den USA hingegen ist das eine absolut akzeptable Gesprächseröffnung, die sogar direkt nach der gegenseitigen Vorstellung erfolgen kann.
Ähnliches gilt für Fragen nach dem Privatleben, insbesondere der Familie. Hier herrschen international die unterschiedlichsten Regeln. Der britische Biologe Desmond Morris definiert und teilt die Nationen hierbei nach so genannten Arm-Zonen* ein:

■ In **Ellenbogen-Ländern** wie Spanien, Italien, Griechenland, Türkei, Indien und Südamerika kommt man sich beim Gespräch auch unter Fremden so nah, dass die Ellenbogen sich berühren. Persönliche Beziehungen werden wichtiger genommen als staatliche Gesetze. Mehr noch: Sie sind oft sogar Voraussetzung für spätere Geschäftsverhandlungen. Fragen nach Privatem sind deshalb bessere Smalltalk-Themen als die Diskussion abstrakter Probleme. Auch Komplimente dürfen hier direkt und sehr persönlich sein.

■ In **Handgelenk-Kulturen** wie Frankreich, USA, Russland, den arabischen Ländern, China und Australien wächst der Abstand, den Gesprächspartner als angenehm empfinden, auf Fast-Armeslänge. In diesen Gegenden konzentriert sich Smalltalk zwar auf Menschen und Familien, aber eben mehr indirekt. Ein Kongressredner, dem beide zugehört haben, ist daher oft ein brauchbareres Thema als das Privatleben des Angesprochenen. Komplimente in Bezug auf intellektuelle Leistungen im Gespräch kommen besser an als ein Lob für gutes Aussehen.

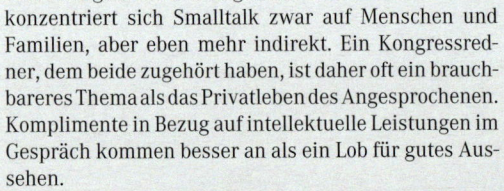

■ In **Fingerspitzen-Staaten** wie Deutschland, England, den skandinavischen Ländern, Kanada oder Japan wird dagegen Wert auf großen körperlichen Abstand gelegt. Privatleben oder Familie sind teilweise sogar tabu. Hier ist ein Gespräch über die gemeinsam erlebte Situation ergiebiger als über Persönliches. Komplimente über den Beruf, die Firma, das professionelle Wissen des Gesprächspartners werden unbefangener entgegengenommen. Ein Lob über die Person oder seine Kleidung wird eher als aufdringlich oder einschleimend empfunden.

| Teil I | Teil II | Teil III | **Teil IV** | Teil V | Teil VI | Teil VII |

Unabhängig von der Arm-Zonen-Theorie gelten für das professionelle Geplauder generell folgende Regeln:

Fragen nach regionalen Speisen und Getränken, am besten in ein Lob für die Landesküche verkleidet, sowie Komplimente über lokale Sehenswürdigkeiten werden weltweit als problemlose Gesprächseröffnungen akzeptiert.

Politik und Religion sind dagegen nach wie vor ungeeignet für den Smalltalk – hierüber lässt sich schnell streiten. Auch das Wetter empfiehlt sich nur, wenn der Ausländer es überzeugend loben kann.

* „Arm-Zonen": Es geht um die Distanz, die den Gesprächspartnern bei einem Gespräch angemessen erscheint.

Ellenbogen-Distanz	kurz	Die Gesprächspartner könnten sich mit den Ellenbogen berühren.
Handgelenk-Distanz	mittel	Die Gesprächspartner könnten sich bei ausgestreckten Armen an den Handgelenken fassen.
Fingerspitzen-Distanz	weit	Die Gesprächspartner könnten sich bei ausgestreckten Armen nur mit den Fingerspitzen berühren.

(aus: Wirtschaftswoche)

2. **Inwieweit entsprechen die im Artikel beschriebenen Beobachtungen Ihren eigenen Erfahrungen mit Gesprächspartnern und -partnerinnen aus deutschsprachigen Ländern, aus Ihrem eigenen Land oder aus anderen Ländern? Diskutieren Sie im Kurs.**

Über Erlebnisse, Erfahrungen mit Partnern aus anderen Kulturen berichten

Also,
- ich habe oft bemerkt/beobachtet, dass die (Deutschen/Österreicher/Schweizer) …
- es ist mir aufgefallen, dass …
- ich habe oft die Beobachtung/Erfahrung gemacht, dass …
- Wenn man …, ist es häufig so, dass die Deutschen/Österreicher/Schweizer …
- Die (Deutschen/Österreicher/Schweizer), die ich kenne, / denen ich begegnet bin, / mit denen ich zu tun habe, …

Einschätzungen, Eindrücke … bestätigen oder relativieren

- Ich kann aus meiner Erfahrung (nicht wirklich) bestätigen, dass …
- Ich habe auch/eher/eigentlich nicht den Eindruck, dass …
- Die (Deutschen/Österreicher/Schweizer), mit denen ich zu tun (gehabt) habe, waren oft …
- Das entspricht auch/nicht meinen eigenen Erfahrungen mit ihnen: …
- Die meisten (Deutschen/Österreicher/Schweizer), die ich getroffen habe, …
- Ich persönlich finde sie wirklich/ziemlich/überhaupt nicht …, denn …

3. **Welcher Eindruck kann bei Gesprächspartnern und -partnerinnen aus unterschiedlichen Kulturkreisen entstehen, wenn sich jeder den eigenen Kommunikationsregeln entsprechend verhält? Notieren Sie Stichworte.**

Handlungen des Partners aus Kulturkreis A oder B, z.B.:
- A kommt seinem Gesprächspartner B während des Gesprächs immer näher. B geht immer wieder auf „Fingerspitzen-Distanz", wenn der Partner A ihm beim Gespräch „zu nahe" kommt.
- A stellt Fragen zum Privatleben. B beschränkt sich auf Kommentare zum beruflichen Kontext.

Mögliche Reaktionen des Partners aus Kulturkreis B oder A:

B /A empfindet das als … / … hat den Eindruck, dass …

A Kollegen und Kolleginnen aus anderen Unternehmen kennen lernen

| Teil I | Teil II | Teil III | **Teil IV** | Teil V | Teil VI | Teil VII |

Fallbeispiel: Firma Schreiner Group (3)
Herr Laschka, Standleiter der Firma Schreiner Group, macht Pause und sucht einen Platz in der Messe-Cafeteria. Die Cafeteria ist ziemlich voll, an allen Tischen sitzen schon Gäste. Herr Laschka setzt sich an einen Tisch, an dem schon zwei Personen, Mitarbeiter der Firma Laserprint, sitzen.

▶4 **4. Hören Sie das Gespräch in der Cafeteria.**

a Erscheint Ihnen die Kontaktanbahnung eher formell oder eher informell? Welche Erklärungen gibt es dafür?

b Welchen Einfluss auf das Gesprächsklima haben die verschiedenen Themen, die angesprochen werden?
▶ Welche Themen fördern die Herstellung einer kollegialen Beziehung?
▶ Welche Themen beinhalten ein mögliches Konfliktpotential?
▶ Wie werden mögliche Spannungen vermieden?

▶4 **5. Würde ein Gespräch zwischen Messemitarbeitern und -mitarbeiterinnen Ihres Landes ähnlich oder anders verlaufen? Hören Sie das Gespräch noch einmal und diskutieren Sie im Kurs. Berücksichtigen Sie dabei die folgenden Punkte.**

- Gesprächseröffnung und Umgangston: in Ihrem Land formeller oder informeller
- Wahl der Themen, die (nicht) angesprochen werden
- Verabschiedung

6. Lesen Sie das Gespräch (Seite 65) und notieren Sie Formulierungen, die die Gesprächspartner für die folgenden Gesprächsbeiträge verwenden.

Gesprächsbeiträge, um …	
– um Erlaubnis zu bitten (am schon besetzten Tisch Platz zu nehmen)	
– ins Gespräch zu kommen	
– sich/andere vorzustellen	
– ein Sie interessierendes Thema anzusprechen	
– das Gespräch abzuschließen	
– sich zu verabschieden	

7. Sie lernen Kollegen und Kolleginnen aus anderen Unternehmen kennen. Bereiten Sie das Gespräch vor.

Situation: Sie sind Standmitarbeiter Ihres Unternehmens oder Messebesucher. Sie möchten etwas ausspannen und begeben sich in die Messe-Cafeteria. Es gibt nur noch einige freie Plätze an Tischen, an denen schon andere Personen sitzen.

a Bilden Sie Gesprächsgruppen, die sich an verschiedenen „Tischen" kennen lernen werden.
b Bestimmen Sie Ihr eigenes Gesprächspartner-Profil: Ihre Funktion, Ihr Unternehmen usw. Entscheiden Sie, welche „Smalltalk"-Themen Sie ansprechen möchten.
c Notieren Sie Formulierungen, die Sie in den verschiedenen Gesprächsphasen verwenden wollen.

| Teil I | Teil II | Teil III | **Teil IV** | Teil V | Teil VI | Teil VII |

Um Erlaubnis bitten, an einem (schon besetzten) Tisch Platz zu nehmen
- *Entschuldigen Sie,*
  - *… ist hier noch ein Platz frei?*
  - *… darf ich mich zu Ihnen setzen?*
- *Gestatten Sie?* (Sie weisen auf den Platz.)
- *Hätten Sie etwas dagegen, / Macht es Ihnen etwas aus, wenn ich mich dazu setze?*

Ein Gespräch (Messekontext) beginnen
- *Ziemlich laut/heiß hier in der Halle 5, nicht wahr?*
- *Hier ist es ja zum Glück ein bisschen ruhiger/ kühler/wärmer …*
- *Kann es sein, dass ich Sie bei der Produktpräsentation … / am Stand der Firma … gesehen habe?*
- *Haben Sie (nicht) auch den Eindruck, dass in diesem Jahr …?*
- *Ich sehe an Ihrem Namensschild, / Ich glaube, Sie sind von Firma …*
- *Ich muss sagen, Ihren Stand finde ich wirklich sehr schön/interessant/originell …*

Sich / andere Personen vorstellen
- *(Darf ich mich vorstellen?) … / Mein Name ist …*
- *… (Vor- und Familienname) von Firma … (Name).*
- *Darf ich Ihnen Frau/Herrn … (Name) vorstellen?*
- *Ich möchte Ihnen (meinen Kollegen / meine Kollegin) vorstellen: Frau/Herr … (Name)*
- *Das ist meine Kollegin, Frau … (Name) / mein Kollege, Herr … (Name)*
- *Frau/Herr … (Name).*

Auf die Vorstellung anderer Personen reagieren
- *Freut mich, Sie kennen zu lernen (Frau/Herr …).*
- *Sehr erfreut.*

Ein Sie interessierendes Thema ansprechen
- *Darf ich Sie fragen, / Mich würde interessieren, ob/wann/wie …?*
- *Sie haben/machen/vertreiben doch … Kann man damit … / Gibt es das auch …?*
- *Ich habe gesehen/gehört …, dass Sie / Firma … (Name) …*
- *Stimmt es (eigentlich), dass Sie / Firma … (Name) …?*

Ein Gespräch abschließen
Tja, ich glaube/fürchte,
- *es ist/wird (höchste) Zeit, wieder … (an den Stand zurückzukehren).*
- *ich muss jetzt wohl wieder … / dann muss ich wohl mal wieder …*
- *ich muss mich jetzt leider verabschieden, denn … (die Kollegen warten …)*
- *Tut mir Leid, aber ich muss jetzt wohl zurück / das Gespräch beenden, denn …*

Sich verabschieden
- *(Es) Hat mich gefreut, Ihre Bekanntschaft zu machen. / Sie kennen zu lernen.*
  - *Ja mich auch. / Ganz meinerseits.*
- *Ich darf mich dann verabschieden …*
- *Ich wünsche Ihnen noch einen angenehmen/ erfolgreichen Tag.*
- *(Tja, dann) Einen schönen Tag noch. / Eine erfolgreiche Messe noch.*

8. Sie lernen in der Messe-Cafeteria Mitarbeiter und Mitarbeiterinnen aus anderen Unternehmen kennen. Führen Sie das Gespräch.

A Kollegen und Kolleginnen aus anderen Unternehmen kennen lernen

| Teil I | Teil II | Teil III | **Teil IV** | Teil V | Teil VI | Teil VII |

B Sich mit Geschäftspartnern und -partnerinnen unterhalten

> **Fallbeispiel: Firma Schreiner Group (4)**
> Herr Laschka, Standleiter der Firma Schreiner Group, ist auf dem Weg zur Messe-Cafeteria.
> Unterwegs trifft er einen Kunden, Herrn Schröter.

1. Hören Sie das Gespräch.

a Wie gut kennen sich die beiden Gesprächspartner? Kreuzen Sie an.

1. Sie sind oberflächlich miteinander bekannt.	☐	3. Sie sind sich auch außerhalb des beruflichen Kontextes begegnet.	☐
2. Sie kennen sich schon länger (im beruflichen Kontext).	☐	4. Sie sind miteinander befreundet.	☐

Welche Hinweise darauf gibt es im Gespräch?

b Worum geht es den beiden Gesprächspartnern in erster Linie? Kreuzen Sie an.

1. Informationen austauschen	☐	4. eine Vereinbarung treffen	☐
2. ein Problem regeln	☐	5. Sympathie bekunden	☐
3. ein Geschäft anbahnen	☐		

2. Lesen Sie das Gespräch (Seite 67).

a Notieren Sie Formulierungen, die die Gesprächspartner für die folgenden Gesprächsbeiträge verwenden.

Gesprächsbeiträge, um …	
– ihrer Zufriedenheit (den Partner zu treffen) Ausdruck zu geben	
– Ihr Interesse an / die Bereitschaft zu einer Unterhaltung zu signalisieren	
– das Gespräch zu beenden	
– sich zu verabschieden	

b Haben Sie andere Formulierungen bei Ihren deutschsprachigen Gesprächspartnern und -partnerinnen gehört? Ergänzen Sie sie in der Tabelle.

3. Haben Sie bei Ihren Kontakten mit deutschsprachigen Partnern und Partnerinnen Gepflogenheiten beobachtet, die bei Ihren Landsleuten nicht üblich sind?

- Siezen/Duzen, bzw. Anrede mit dem Familiennamen oder mit dem Vornamen
- Berührung des Partners (z.B. Hand auf den Arm legen)
- Austausch von Geschenken
- Ausweitung der geschäftlichen Beziehung in den privaten Bereich
- Komplimente machen
- Regel: „Wer bezahlt?" (wenn man gemeinsam etwas konsumiert)
- Offenes Zeigen von Gefühlen
- Formen, in denen Wertschätzung des Partners bekundet wird
- Bereitschaft, sich (immer) Zeit für ein persönliches Gespräch zu nehmen

| Teil I | Teil II | Teil III | **Teil IV** | Teil V | Teil VI | Teil VII |

a Notieren Sie Ihre Beobachtungen links in der Tabelle.

Das beobachten Sie häufig bei Ihren deutschsprachigen Partnern:	Dieser Eindruck entsteht bei Ihnen:
Sie …	Wir finden …

Das beobachten Ihre deutschsprachigen Partner häufig bei Ihren Landsleuten:	Dieser Eindruck entsteht bei ihnen:
Wir …	Die Deutschen/Österreicher/Schweizer finden uns …

b Welcher Eindruck entsteht oft auf beiden Seiten aufgrund dieser Unterschiede?
   Notieren Sie passende Adjektive rechts in der Tabelle.

anpassungsfähig – arrogant – aufgeschlossen – bescheiden – beweglich – ehrlich eingebildet – faul – fleißig – gastfreundlich – geistvoll – geizig – geschäftstüchtig großzügig – hartnäckig – herzlich – hilfsbereit – höflich – humorlos – humorvoll kontaktfreudig – mutig – nationalbewusst – offen – ordentlich – rücksichtsvoll schwerfällig – selbstsicher – stolz – streitsüchtig – teamfähig – überheblich vertrauenswürdig – witzig – zielstrebig – zurückhaltend – zuverlässig

c Erläutern Sie im Kurs Ihre Beobachtungen.

Wenn unsere deutschen/österreichischen/schweizerischen Partner / wir … (Ihre Landsleute) …, dann
- *empfinden wir / die Deutschen/Österreicher/Schweizer das als …*
- *haben wir / die Deutschen/Österreicher/Schweizer den Eindruck / das Gefühl, dass …*
- *sehen wir / die Deutschen/Österreicher/Schweizer darin ein Zeichen / einen Beweis dafür, dass sie …*

Text 4

B Sich mit Geschäftspartnern und -partnerinnen unterhalten

| Teil I | Teil II | Teil III | **Teil IV** | Teil V | Teil VI | Teil VII |

4. Bereiten Sie ein Gespräch mit einem Geschäftspartner oder einer Geschäftspartnerin vor.

Situation: Sie treffen während einer Präsentation auf einer Messe einen Geschäftspartner. Sie kennen sich schon seit längerer Zeit und haben häufig miteinander zu tun.

a Bestimmen Sie die Profile der beiden Gesprächspartner oder -partnerinnen und klären Sie den gemeinsamen Erfahrungshintergrund, d.h. die Themen, die Sie ansprechen könnten.
b Stellen Sie Formulierungen bereit, die Sie in den verschiedenen Gesprächsphasen verwenden wollen.

Seiner Zufriedenheit (den Partner / die Partnerin zu treffen) Ausdruck geben
Hallo / Guten Tag, Frau/Herr …,
- das ist aber eine Überraschung / so ein Zufall!
- freut mich (wirklich) / wunderbar / schön … Sie hier zu treffen/sehen.

Interesse an / Bereitschaft zu einer Unterhaltung signalisieren
- Hätten/Haben Sie einen Moment Zeit für eine Tasse Kaffee?
- Hätten Sie Lust auf … / Wie wär' es mit …?
- Was halten Sie von … einer kleinen Kaffeepause / einem Glas …?

- Ja gerne. Gute Idee.
- Ja, das trifft sich gut. Ich wollte auch sowieso gerade …
- Ja, mit Vergnügen.

Einladen / Sich einladen lassen
- Bitte, darf ich das zahlen/übernehmen?
- (Nein, bitte,) Lassen Sie nur, ich übernehme das / ich zahle.
- Bitte, die Rechnung ist für mich.

- Danke.
- Besten/Vielen Dank.

Grüße ausrichten lassen / Versprechen, Grüße auszurichten
- Grüßen Sie doch bitte …
- Würden Sie Frau/Herrn … meine Grüße ausrichten?
- Darf ich Sie bitten, Frau/Herrn … von mir zu grüßen / meine Grüße auszurichten?

- Gerne. / Mache ich gerne. / Ja, ich werde sie ihr/ihm (gerne) ausrichten.

**5. Sie unterhalten sich bei einer Messeveranstaltung mit einem Geschäftspartner oder einer Geschäftspartnerin.
Führen Sie das Gespräch.**

B Sich mit Geschäftspartnern und -partnerinnen unterhalten

Teil V

Nach der Messe: in Kontakt bleiben

A Nachmessekontakte vorbereiten

B Bei Kunden und Kundinnen telefonisch nachfassen

A Nachmessekontakte vorbereiten

Fallbeispiel: Firma Schreiner Group (5)
Herr Laschka hat wenige Tage nach dem Messegespräch mit Herrn Döring, dem Geschäftsführer der Firma Fischer-Automotive, die gewünschten Unterlagen geschickt. Zwei Wochen später ruft er Herrn Döring an.

1. **In dem Artikel „Die besten Tipps fürs erfolgreiche Telefonieren" werden acht Grundregeln fürs erfolgreiche Telefonieren genannt.**

   a Lesen Sie den Artikel.

Die besten Tipps fürs erfolgreiche Telefonieren

Damit Sie beim Business-Talk immer auf Draht sind:
Wer die acht Grundregeln der Kommunikation am Hörer beachtet, kann seine Firma
und sich effektiver präsentieren.

1 **Eine gute Vorbereitung** wird von Ihrem Gesprächspartner garantiert honoriert, weil sie Professionalität und Aufmerksamkeit signalisiert. Dabei kann eine standardisierte Checkliste, die auf Ihre persönlichen Anforderungen zugeschnitten ist, helfen: Welche Fragen habe ich, welche können auf mich zukommen? Was beinhaltete der letzte Schriftwechsel? Und so weiter. Jede treffende Antwort macht Sie selbstsicherer.

2 **Die ersten Sekunden** eines Telefonats entscheiden über Sympathie oder Antipathie. Der Begrüßung kommt also eine entscheidende Bedeutung zu. Wenn Sie anrufen: Gruß („guten Morgen", „guten Tag" oder „guten Abend"), der eigene Vor- und Nachname (langsam gesprochen!), dann der Name des Unternehmens. Wenn Sie angerufen werden: Gruß, Name des Unternehmens, Abteilung, eigener Name („mein Name ist …").

3 **Fassen Sie sich kurz:** Nach maximal drei bis fünf Sätzen und einer Ankerfrage („Was halten Sie davon?") lassen Sie Ihr Gegenüber zu Wort kommen. Auf diese Weise erhalten Sie wichtige Informationen über die Bedürfnisse und die Stimmung Ihres Gesprächspartners.

4 **Aufrechtes Sitzen** (oder sogar Stehen) macht Ihre Stimme freier und fester, weil Sie besser atmen können. Klemmen Sie den Hörer möglichst nicht zwischen Schulter und Wange, um etwas aufzuschreiben. Sie sprechen dann unwillkürlich gedrückter.

5 **Ein angenehmes Gesprächsklima** erzeugt man auch durch eine persönliche Atmosphäre. Das beste Mittel dazu ist der Name des Gesprächspartners, den man häufig, aber nicht allzu häufig nennen sollte. Dadurch schaffen Sie eine eher vertraute Situation. Auch hat es sich bewährt, immer wieder Worte persönlicher Anerkennung einzustreuen. Zum Beispiel: „Danke, dass Sie gleich angerufen haben." Übertreiben Sie dabei allerdings nicht – das wirkt wie ein Kalkül und damit unecht.

6 Auch **die Genauigkeit** ist ein entscheidendes Kriterium für den Erfolg oder Misserfolg eines Telefonats. Gerade wenn Abmachungen getroffen werden, können Missverständnisse fatale Wirkungen haben. Hören Sie sehr konzentriert zu. Sollten Sie das Gefühl haben, dass man zwar das Gleiche sagt, aber nicht das Gleiche meint, haken Sie höflich nach und präzisieren die Absprache, bis beide genau wissen, was sie voneinander erwarten.

| Teil I | Teil II | Teil III | Teil IV | **Teil V** | Teil VI | Teil VII |

7 Falls Sie vor dem Problem stehen, ein Produkt beschreiben zu müssen, das der Gesprächspartner nicht kennt, so umschreiben Sie es möglichst anschaulich. **Versuchen Sie, alle Sinne anzusprechen.** Das Telefon kann zwar keinen Geruch, keinen Geschmack und (meist) keine Abbildung übermitteln – aber Sie können es. Allein durch das Bild, das Sie sprachlich entstehen lassen.

8 Zum Abschluss eines Gesprächs gehört immer **eine kurze Zusammenfassung**. Eine elegante Möglichkeit, dem Gegenüber zu signalisieren, dass man das Telefonat beenden möchte, ist die Frage: „Kann ich sonst noch etwas für Sie tun?" Wenn keine Fragen mehr bestehen, leiten Sie die Zusammenfassung in knappen, klaren Worten ein und fragen den Gesprächspartner, ob es beiden hilft, wenn Sie das Resultat schriftlich festhalten.

(aus: fit for fun)

b Welche Empfehlungen sind beim Nachmessekontakt besonders wichtig für den Anrufer und die Anruferin (Messeaussteller), den Angerufenen und die Angerufene (Messebesucher/-besucherin) oder für beide Gesprächspartner? Markieren Sie.

c Erläutern Sie dann Ihre Antworten.

	Grundregel ist besonders wichtig für …		
Grundregel	den Anrufer / die Anruferin	den Angerufenen / die Angerufene	beide
1	☐	☐	☐
2	☐	☐	☐
3	☐	☐	☐
4	☐	☐	☐
5	☐	☐	☐
6	☐	☐	☐
7	☐	☐	☐
8	☐	☐	☐

A Nachmessekontakte vorbereiten

| Teil I | Teil II | Teil III | Teil IV | **Teil V** | Teil VI | Teil VII |

2. Welche Erklärungen, Fragen und Vorschläge sollte Herr Laschka für das Telefongespräch vorbereiten? Notieren Sie Stichworte.

Gesprächspunkte, die Herr Laschka vorbereitet	
1. Anlass des Anrufs	
2. Erinnerung an die Messe, das Messegespräch	
3. Reaktionen auf mögliche Antworten von Herrn Döring	
a Herr Döring hat die Unterlagen bekommen und gelesen.	
b Er hat die Unterlagen noch nicht gelesen.	
c Er erinnert sich nicht sofort an das Messegespräch.	
d Er hat gerade wenig Zeit.	

3. Hören Sie das Gespräch zwischen Herrn Laschka und Herrn Döring.

a Entspricht Herrn Laschkas Gesprächsführung den oben genannten acht Grundregeln? Kreuzen Sie an und erläutern Sie dann Ihre Antworten.

Grundregel	Ja	Nein	Grundregel	Ja	Nein
1 Vorbereitung	☐	☐	5 positives Gesprächsklima	☐	☐
2 Vorstellung	☐	☐	6 Genauigkeit	☐	☐
3 Anliegen	☐	☐	7 Anschaulichkeit	☐	☐
4 Stimme, Ton	☐	☐	8 Zusammenfassung	☐	☐

b Schätzen Sie die Aussichten für das Zustandekommen einer Geschäftsbeziehung als gut, ungewiss oder wenig hoffnungsvoll ein? Welche Hinweise darauf gibt es im Gespräch? Diskutieren Sie im Kurs.

c Hat die Gesprächsführung von Herrn Laschka auf das Ergebnis einen entscheidenden Einfluss? Begründen Sie Ihre Antwort.

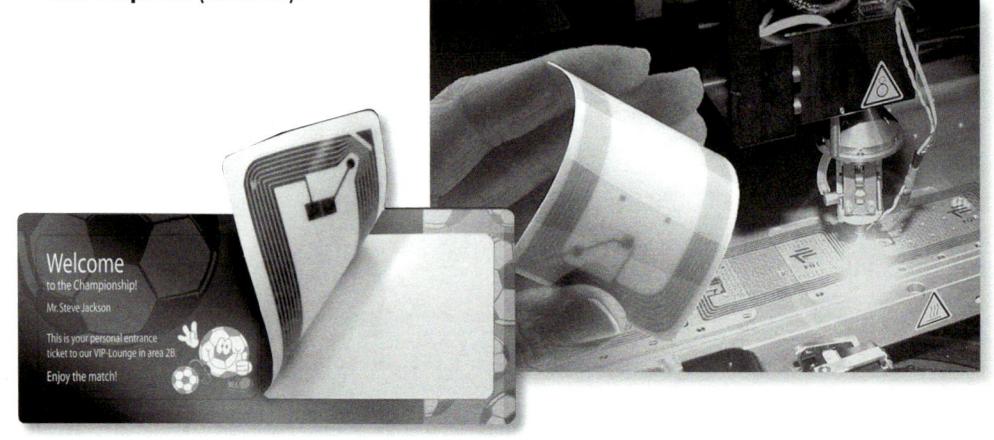

4. In welchen Gesprächsphasen würden Sie Herrn Laschka ein anderes Vorgehen oder eine andere Formulierung vorschlagen? Hören Sie das Gespräch noch einmal. Lesen Sie dann das Gespräch (Seite 68).

B Bei Kunden und Kundinnen telefonisch nachfassen

1. Bereiten Sie den Anruf bei einem Besucher oder einer Besucherin Ihres Messestands vor.

> **Situation:** Vor drei Wochen haben Sie einem Besucher Ihres Messestands wie vereinbart Unterlagen über die Produkte Ihres Unternehmens zugeschickt. Jetzt wollen Sie telefonisch nachfassen. (Orientieren Sie sich an Teil III, Aufgabe A 7. auf Seite 32 und Aufgabe B 11. auf Seite 38.)

Standmitarbeiter:
Greifen Sie auf den Messebericht zurück, den Sie als Standmitarbeiter beim Gespräch mit einem Messebesucher erstellt haben (Seite 31 und 38).

a Überlegen Sie, wie Sie das Telefongespräch führen wollen.
- Mit welchen Argumenten können Sie das Interesse des Kunden aufs Neue wecken oder verstärken?
- Welche weiteren Schritte wollen Sie vorschlagen?

b Stellen Sie Formulierungen bereit, die Sie bei dem Telefongespräch verwenden werden. Benutzen Sie dabei auch die Formulierungen auf Seite 52.

Standbesucher:
Benutzen Sie das Kundenprofil eines Standbesuchers, das Sie erstellt haben (Seite 32 und 38).

a Legen Sie vor dem Gespräch fest, …
- ob Sie die Unterlagen bereits gesehen haben;
- inwieweit die angebotenen Produkte/Leistungen Ihrem Bedarf entsprechen;
- ob eine Fortsetzung des Kontakts in Ihrem Interesse ist;
- welche weiteren Schritte Sie gegebenenfalls vorschlagen wollen.

b Stellen Sie Formulierungen bereit, die Sie bei dem Telefongespräch verwenden werden. Benutzen Sie dabei auch die Formulierungen auf Seite 52.

| Teil I | Teil II | Teil III | Teil IV | **Teil V** | Teil VI | Teil VII |

Sich am Telefon melden
- *Firma …, …* (Ihr Name), *…* (Ihre Abteilung/Funktion), *am Apparat. Guten Tag.*
- *Guten Tag. …* (Ihr Name), *…* (Ihre Firma), *am Apparat.*
- *…* (Ihr Name), *Firma …* (Name), *am Apparat.*

Sich am Telefon vorstellen
- *Mein Name ist …*
- *…* (Ihr Name) *am Apparat. Guten Tag, Frau/Herr …*
- *Guten Tag, Frau/Herr …, …* (Ihr Name) *am Apparat.*

Den Anlass eines Anrufs (im gegebenen Kontext) nennen
Frau/Herr …,
- *ich rufe Sie im Anschluss an unser Gespräch auf der Messe in … an.*
- *Sie erinnern sich sicher an unser Gespräch auf der Messe in … Ich hatte Ihnen … zugeschickt.*
- *ich hatte Ihnen im Anschluss an unser Gespräch auf der Messe in … … zugeschickt.*
- *es geht um Folgendes: Sie hatten mich gebeten, Ihnen … zu schicken.*
- *Sie hatten um die Zusendung von … gebeten.*
- *wir hatten auf der Messe in … vereinbart, dass wir Ihnen …*
- *ich habe / Wir haben Ihnen die …* (Unterlagen) *vor zirka … zugestellt/geschickt, …*

Das Ziel eines Anrufs nennen
- *Ich wollte mich vergewissern, dass Sie die …* (Unterlagen) *erhalten haben und …*
- *Ich wollte jetzt kurz nachfragen, … / mich informieren, …*
  - *… ob Sie schon Gelegenheit hatten, die …* (Unterlagen) *zu prüfen.*
  - *… ob Sie schon prüfen konnten, inwieweit unser Angebot von Interesse ist.*
  - *… ob unser Angebot Ihr Interesse gefunden hat.*
  - *… ob Sie möglicherweise zusätzliche Informationen benötigen.*
- *Vielleicht konnten Sie … schon prüfen?*

Eine Vereinbarung anstreben
- *Was halten Sie davon, wenn wir …?*
- *Wären Sie daran interessiert, … / damit einverstanden, dass wir …?*
- *Sollten wir vielleicht …?*

2. **Rufen Sie den Besucher oder die Besucherin Ihres Messestands an und fassen Sie nach. Führen Sie das Gespräch.**

Teil VI

Kommunikationsmittel:
Präsentation von
Unternehmen und Produkten

| Teil I | Teil II | Teil III | Teil IV | Teil V | **Teil VI** | Teil VII |

Übersicht

1. **Sie präsentieren ein Unternehmen**
   a Sie kennzeichnen ein Unternehmen (Größe und Branche)
   b Sie nennen wichtige Produkte oder Dienstleistungen
   c Sie erklären die Rechtsform eines Unternehmens
   d Sie nennen den Standort
   e Sie nennen quantitative Daten
   f Sie erläutern die Unternehmensstruktur
   g Sie beschreiben die Unternehmensorganisation
   h Sie beschreiben Entwicklungen
   i Sie erklären, wer das Unternehmen leitet
   j Sie geben Informationen zur Unternehmensgeschichte
   k Sie beschreiben Absatzmärkte und Marktposition

2. **Sie informieren (sich) über Produkte oder Leistungen**
   a Sie stellen Fragen zu Produkten oder Leistungen
   b Sie informieren über ein Produkt
   c Sie leiten eine Produktpräsentation ein
   d Sie schließen eine Produktpräsentation ab

3. **Sie stellen sich und/oder andere Personen vor**
   a Sie begrüßen den Partner und stellen sich vor
   b Sie stellen andere Personen vor
   c Sie reagieren auf eine Begrüßung und Vorstellung
   d Sie ergänzen ein paar freundliche Worte
   e Sie erläutern Tätigkeiten und Tätigkeitsbereiche

4. **Sie führen kunden-/partnerorientierte Gespräche**
   a Sie sprechen einen Standbesucher (auf der Messe) an
   b Sie fragen nach
   c Sie hören aktiv zu
   d Sie streben eine Vereinbarung an
   e Sie gehen auf Einwände, Zusatzfragen ein
   f Sie überprüfen Informationen oder Vereinbarungen

5. **Sie knüpfen Sozialkontakte**
   a Sie bitten um Erlaubnis (an einem schon besetzten Tisch) Platz zu nehmen
   b Sie beginnen ein Gespräch (Messekontext)
   c Sie sprechen ein Sie interessierendes Thema an
   d Sie schließen ein Gespräch ab
   e Sie verabschieden sich

6. **Sie pflegen Sozialkontakte**
   a Sie geben Ihrer Zufriedenheit (den Partner zu treffen) Ausdruck
   b Sie signalisieren Interesse an / Bereitschaft zu einer Unterhaltung
   c Sie laden ein / lassen sich einladen
   d Sie lassen Grüße ausrichten / Sie versprechen, Grüße auszurichten

7. **Am Telefon**
   a Sie melden sich am Telefon
   b Sie stellen sich am Telefon vor
   c Sie nennen den Anlass eines Anrufs (im gegebenen Kontext)
   d Sie nennen das Ziel des Anrufs

8. **Sie sprechen über Erfahrungen mit Partnern aus anderen Kulturen**
   a Sie berichten über Erlebnisse, Erfahrungen mit Partnern aus anderen Kulturen
   b Sie bestätigen oder relativieren Einschätzungen, Eindrücke

| Teil I | Teil II | Teil III | Teil IV | Teil V | **Teil VI** | Teil VII |

1. Sie präsentieren ein Unternehmen

a Sie kennzeichnen ein Unternehmen (Größe und Branche)

Wir sind … / … (Name des Unternehmens) ist
- *ein kleiner/mittelständischer Betrieb, …*
- *ein kleines/mittelständisches/großes/internationales Unternehmen, …*
- *eine kleine/mittelständische Firma, …*
  - *… der Textilbranche / im Bereich Feinmechanik / der Bauindustrie.*
  - *… der/das/die … im Bereich … tätig ist.*
  - *… der/das/die zur/zum … gehört.*
  - *… der/das/die … herstellt/produziert/ anbietet.*
- *ein (…) Handelsunternehmen / ein (…) landwirtschaftlicher Betrieb.*

b Sie nennen wichtige Produkte oder Dienstleistungen

… (Name des Unternehmens)
- *stellt … her / produziert …*
- *verarbeitet … zu …*
- *entwickelt/baut/konstruiert …*
- *kauft … / verkauft (an) … / handelt mit … / vertreibt … / bietet … an.*
- *transportiert/befördert/organisiert/installiert …*
- *ist (einer der größten) Anbieter/Hersteller von …*
- *ist spezialisiert auf … / ist Spezialist für …*

c Sie erklären die Rechtsform eines Unternehmens

Deutsches Unternehmen:
… (Name des Unternehmens) ist
- *eine AG (Aktiengesellschaft).*
- *eine GmbH (Gesellschaft mit beschränkter Haftung).*
- *eine OHG (offene Handelsgesellschaft).*
- *eine KG (Kommanditgesellschaft).*
- *eine Personenfirma.*
- *ein Familienunternehmen.*

Nicht-deutsches Unternehmen:
- *… (Name des Unternehmens) ist … (Rechtsform in Ihrem Land).*
- *Das entspricht in ungefähr einer (deutschen) AG/…, aber/allerdings …*
- *Das ist so etwas Ähnliches wie eine AG/… Allerdings mit dem Unterschied, dass …*
- *Das ist dasselbe wie eine … (Nur, dass …)*

d Sie nennen den Standort

… (Name des Unternehmens)
- *steht/hat seinen Sitz in/bei … (Stadt, Region, Land).*
- *Das Stammhaus / Das Mutterunternehmen ist/ steht in …*

e Sie nennen quantitative Daten

… (Name des Unternehmens)
- *beschäftigt (ungefähr/fast/über/mehr als/etwas weniger als) … Mitarbeiter.*
- *erzielt/hat/macht einen (jährlichen) Umsatz von …*
- *hat einen Absatz von … (Stück) pro Jahr.*
- *setzt jedes Jahr … ab.*

Bei … (Name des Unternehmens)
- *sind … Mitarbeiter beschäftigt.*
- *gibt es insgesamt ungefähr … Mitarbeiter.*

Die Zahl der Mitarbeiter / Der Umsatz / Der Absatz
- *beträgt … / beläuft sich auf … / liegt bei …*

f Sie erläutern die Unternehmensstruktur

… (Name des Unternehmens)
- *ist eine Tochterfirma von … (Name der Muttergesellschaft).*
- *ist eine Zweigstelle/Niederlassung … von … (Name der Muttergesellschaft).*
- *ist ein Unternehmen/eine Organisation, das/die zu … (Name der Muttergesellschaft) gehört.*
- *ist Teil des …Konzerns, zu dem auch … (andere Unternehmen) gehören.*
- *gehört zu einem Konzern, der in … (Ort) seinen Sitz hat.*
- *gehört zu der …Gruppe, die …*

… (Name des Unternehmens)
- *hat/besitzt Niederlassungen/Filialen/Zweigstellen/Produktionsstätten in …*

Kommunikationsmittel: Präsentation von Unternehmen und Produkten

| Teil I | Teil II | Teil III | Teil IV | Teil V | **Teil VI** | Teil VII |

g Sie beschreiben die Unternehmensorganisation
… (Name des Unternehmens)
- besteht aus den Bereichen/Abteilungen …
- hat/umfasst … Bereiche/Abteilungen: …
- ist aufgeteilt/gegliedert in die Bereiche/ Abteilungen: …
- ist nach Produkt-/Tätigkeits-/Angebotsbereichen gegliedert: …

h Sie beschreiben Entwicklungen
Der Umsatz / Die Zahl der Mitarbeiter / Die Investitionen in … / Die Aktienkurse
- ist/sind (in den letzten drei Jahren / seit dem letzten Jahr) um …% gestiegen/gesunken.
- hat/haben um …% zugenommen/abgenommen.
- hat/haben sich um …% erhöht/vermindert.
- ist/sind von … auf … gestiegen/gesunken/ gefallen.
- hat/haben sich in … (Zeitraum) wenig/kaum verändert.
- ist/sind in … (Zeitraum) gleich/konstant/ unverändert geblieben.

i Sie erklären, wer das Unternehmen leitet
- … (Name des Unternehmens) wird von Herrn/ Frau … geführt/geleitet.
- Der/Die Geschäftsführer/in ist/heißt …
- Die Unternehmensleitung ist in den Händen von …

j Sie geben Informationen zur Unternehmensgeschichte
… (Name des Unternehmens)
- wurde … gegründet.
- besteht/existiert seit …
- hat eine …jährige Geschichte.
- stellt … seit … Jahren … her.
- handelt seit … mit … / produziert/baut seit … (Zeitpunkt) … (Produkt).
- hat sich … (Zeitpunkt) auf … spezialisiert / hat … (Zeitpunkt) auf … umgestellt.

k Sie beschreiben Absatzmärkte und Marktposition
… (Name des Unternehmens)
- verkauft/vertreibt seine Produkte in … / auf dem … (inländischen) Markt / an … (Kunden).
- ist (nur) auf dem … Markt vertreten.
- beliefert/versorgt … mit … / ist Zulieferer für die …Industrie.
- hat als Hauptkunden …
- ist Marktführer/Nummer eins im Bereich …
- hat einen Marktanteil von …% im Bereich …

2. Sie informieren (sich) über Produkte oder Leistungen

a Sie stellen Fragen zu Produkten oder Leistungen
- *Wozu dient …?*
- *Wo/Wann/Wie verwendet man …?*
- *Kann man … auch bei/zu … verwenden/ benutzen/einsetzen?*
- *Was unterscheidet … von … (anderen Produkten)?*
- *Welche Vorteile/Besonderheiten hat … im Vergleich zu … (Konkurrenzprodukten)?*
- *Welche unterschiedlichen Ausführungen/ Qualitäten/Modelle … gibt es?*
- *Wird bei der Herstellung … (Material) verwendet?*
- *Entsprechen Ihre Produkte den Vorschriften für …?*
- *Welche Garantieleistungen bieten Sie?*
- *Welches sind die Preise pro Einheit/Stück / pro … (Menge) / bei Abnahme von … (Menge)?*
- *Gibt es Ermäßigungen/Rabatte bei … (Abnahme von …)?*
- *Mit welchen Lieferfristen muss man rechnen, wenn man …?*
- *Welches sind die Lieferbedingungen für …?*
- *Wie teuer ist …? / Welche Kosten entstehen, wenn …?*

| Teil I | Teil II | Teil III | Teil IV | Teil V | **Teil VI** | Teil VII |

b Sie informieren über ein Produkt
… (Produktname)
- *wird verwendet/benutzt/verarbeitet … bei …*
- *verwendet/benutzt/braucht/gebraucht man, wenn man … / um … zu …*
- *dient dazu, … zu ….*
- *ist ein/eine … , der/das/die … / mit dem/der (man) …*
- *unterscheidet sich von anderen … durch … / dadurch, dass …*
- *besteht / wird hergestellt aus … / enthält …*
- *ist bestimmt für …*

c Sie leiten eine Produktpräsentation ein
- *Sie alle kennen das Problem mit …!*
- *Haben Sie sich schon mal überlegt, wie hoch der Aufwand an Zeit für … ist / die Kosten für … sind?*
- *Wie oft im vergangenen Monat haben Sie sich darüber geärgert, dass …?*
- *Wenn Sie die neuesten Umfrageergebnisse über … gelesen haben, dann wissen Sie, dass …*
- *Wir haben uns deshalb etwas Neues einfallen lassen: …*
- *Wir haben uns, genau wie Sie, darüber geärgert – und eine Lösung gesucht: …*

d Sie schließen eine Produktpräsentation ab
- *Ich empfehle Ihnen deshalb, …*
- *Nutzen Sie deshalb die Gelegenheit, …*
- *Für Interessenten … habe ich hier (Unterlagen/ Proben …)*
- *Wenn Sie … erwägen, können wir Ihnen gerne …*
- *Bevor ich mich verabschiede, möchte ich Sie darauf hinweisen, / Sie daran erinnern, dass …*

3. Sie stellen sich und/oder andere Personen vor

a Sie begrüßen den Partner und stellen sich vor
Guten Tag, (darf ich mich vorstellen,)
- *mein Name ist … / ich bin … / ich heiße …*
- *ich arbeite in … (Abteilung).*
- *ich bin tätig in … (Abteilung).*
- *ich bin seit … in …*
- *ich bin der/die neue … in der …Abteilung.*

Guten Tag, mein Name ist … / ich bin/heiße …
- *(von) Firma … (Name des Unternehmens).*
- *Ich bin … (Funktion) bei … (Name des Unternehmens).*

b Sie stellen andere Personen vor
- *Darf ich Ihnen Frau/Herrn … vorstellen?*
- *Ich möchte Ihnen (meinen Kollegen / meine Kollegin) vorstellen: Frau/Herr …*
- *Das ist meine Kollegin, Frau … / Das ist mein Kollege, Herr …*
- *Frau/Herr …*

c Sie reagieren auf eine Begrüßung und Vorstellung
Guten Tag, Frau/Herr (Dr.) … (Name).
- *Freut mich, / Nett, Sie kennen zu lernen.*
- *Sehr erfreut.*

d Sie ergänzen ein paar freundliche Worte
(Ach,) Sie arbeiten also in der …Abteilung.
- *Da werde ich ja öfters mit Ihnen zu sprechen/ telefonieren/tun … haben.*
- *Dann kennen Sie ja sicher Herrn/Frau …, das ist …*

(Ach,) Sie kommen von Firma … / Sie sind bei … tätig.
- *Das ist ja interessant. Ich/Wir … kaufen nämlich bei … / verkaufen nämlich an … / arbeiten nämlich mit …*

e Sie erläutern Tätigkeiten und Tätigkeitsbereiche
- *Ich bin Mitarbeiter/Leiter der …Abteilung.*
- *Ich bin in der …Abteilung tätig/beschäftigt.*
- *Ich bin zuständig für (die Beschaffung von) …*
- *Mein Zuständigkeitsbereich ist …*
- *Ich leite … / Ich kümmere mich um …*
- *Persönlich bin ich verantwortlich für …*
- *Ich habe häufig/viel mit … zu tun.*
- *Mein Aufgabenbereich ist …*
- *Zu meinen Aufgaben gehört es, … zu …*

| Teil I | Teil II | Teil III | Teil IV | Teil V | **Teil VI** | Teil VII |

4. Sie führen kunden-/partnerorientierte Gespräche

a Sie sprechen einen Standbesucher (auf der Messe) an

Guten Tag.
- Sie wollen sich sicherlich erst einmal umsehen oder suchen Sie etwas Bestimmtes?
- Wie gefällt Ihnen unser Stand?
- Was hat Sie an unseren Stand geführt?
- Möchten Sie sich etwas genauer umsehen?

b Sie fragen nach
- Darf ich Sie fragen, …?
- Ich hätte mir gern kurz notiert, …
- Damit ich das anschließend nicht vergesse: …?
- Vielleicht sagen Sie mir kurz noch etwas mehr über Ihr Unternehmen: …?
- Darf ich noch mal kurz auf … zurückkommen? Ich hätte gern gewusst, …
- Um Ihnen hier präzise zu antworten, wäre es gut zu wissen, …

c Sie hören aktiv zu
- Sie haben das Gefühl, dass …
- Es scheint, dass Sie …
- Aus Ihrer Perspektive …
- Ich habe den Eindruck, dass …
- Sagen Sie mir, wenn ich mich irre …

- Ich frage mich, ob …
- Trifft es zu, dass …?
- Habe ich Sie richtig verstanden …?
- Es klingt so, als ob …
- Ich überlege gerade, ob für Sie das Richtige wäre, wenn …

d Sie streben eine Vereinbarung an
- Was halten Sie davon, wenn wir …?
- Wären Sie daran interessiert, … / damit einverstanden, dass wir …?
- Sollten wir vielleicht …?
- Könnte Sie folgende Lösung weiterbringen?

e Sie gehen auf Einwände, Zusatzfragen ein
- Gut, dass Sie darauf zu sprechen kommen …
- Gerade weil Ihnen das wichtig ist …
- Gern erkundige ich mich, ob wir auch in dieser Form liefern können.

f Sie überprüfen Informationen oder Vereinbarungen
- Darf ich noch mal kurz überprüfen, ob ich das richtig notiert habe? …
- Ich fasse noch mal kurz zusammen: …
- Ich habe mir also Folgendes notiert: …

5. Sie knüpfen Sozialkontakte

a Sie bitten um Erlaubnis (an einem schon besetzten Tisch) Platz zu nehmen
- Entschuldigen Sie,
  – … ist hier noch ein Platz frei?
  – … darf ich mich zu Ihnen setzen?
- Gestatten Sie? (Sie weisen auf den Platz.)
- Hätten Sie etwas dagegen, / Macht es Ihnen etwas aus, wenn ich mich dazu setze?

b Sie beginnen ein Gespräch (Messekontext)
- Ziemlich laut/heiß hier in der Halle 5, nicht wahr?
- Hier ist es ja zum Glück ein bisschen ruhiger/ kühler/wärmer als …
- Kann es sein, dass ich Sie bei der Produktpräsentation … / am Stand der Firma … gesehen habe?

- Haben Sie (nicht) auch den Eindruck, dass in diesem Jahr …?
- Ich sehe an Ihrem Namensschild / Ich glaube, Sie sind von Firma …
- Ich muss sagen, Ihren Stand finde ich wirklich sehr schön/interessant/originell …

c Sie sprechen ein Sie interessierendes Thema an
- Darf ich Sie fragen, / Mich würde interessieren, ob/wann/wie …?
- Sie haben/machen/vertreiben doch … Kann man damit … / Gibt es das auch …?
- Ich habe gesehen/gehört …, dass Sie / Firma … (Name) …
- Stimmt es (eigentlich), dass Sie / Firma … (Name) …?

Kommunikationsmittel: Präsentation von Unternehmen und Produkten

| Teil I | Teil II | Teil III | Teil IV | Teil V | **Teil VI** | Teil VII |

d Sie schließen ein Gespräch ab
- *Tja, ich glaube/fürchte,*
  - *… es ist/wird (höchste) Zeit, wieder an den Stand zurückzukehren.*
  - *… ich muss jetzt wohl wieder … / dann muss ich wohl mal wieder …*
- *Ich muss mich jetzt leider verabschieden, denn die Kollegen warten.*
- *Tut mir Leid, aber ich muss jetzt wohl zurück / das Gespräch beenden, denn …*

e Sie verabschieden sich
- *(Es) Hat mich gefreut, Ihre Bekanntschaft zu machen. / Sie kennen zu lernen.*
  - *Ja mich auch. / Ganz meinerseits.*
- *Ich darf mich dann verabschieden …*
- *Ich wünsche Ihnen noch einen angenehmen/ erfolgreichen Tag.*
- *(Tja, dann) Einen schönen Tag noch / eine erfolgreiche Messe noch.*

6. Sie pflegen Sozialkontakte

a Sie geben Ihrer Zufriedenheit (den Partner zu treffen) Ausdruck

Hallo / Guten Tag, Frau/Herr …,
- *das ist aber eine Überraschung / so ein Zufall!*
- *freut mich (wirklich), Sie hier zu sehen/treffen.*
- *wunderbar/schön Sie hier zu treffen/sehen.*

b Sie signalisieren Interesse an / Bereitschaft zu einer Unterhaltung
- *Hätten/Haben Sie einen Moment Zeit für eine Tasse Kaffee?*
- *Hätten Sie Lust auf … / Wie wär' es mit …?*
- *Was halten Sie von einer kleinen Kaffeepause / einem Glas …?*
  - *Ja, gerne. Gute Idee.*
  - *Ja, das trifft sich gut. Ich wollte auch gerade …*
  - *Ja, mit Vergnügen.*

c Sie laden ein / lassen sich einladen
- *Bitte, darf ich das zahlen/übernehmen?*
- *(Nein, bitte,) Lassen Sie nur, ich übernehme das / ich zahle.*
- *Bitte, die Rechnung ist für mich.*
  - *Danke.*
  - *Besten/Vielen Dank.*

d Sie lassen Grüße ausrichten / Sie versprechen, Grüße auszurichten
- *Grüßen Sie doch bitte …*
- *Würden Sie Frau/Herrn … meine Grüße ausrichten?*
- *Darf ich Sie bitten, Frau/Herrn … von mir zu grüßen / meine Grüße auszurichten?*
  - *Gerne. / Mache ich gerne. / Ja, ich werde sie ihr/ihm (gerne) ausrichten.*

7. Am Telefon

a Sie melden sich am Telefon
- *Firma …, … (Name), … (Abteilung/Funktion), am Apparat. Guten Tag.*
- *Guten Tag. … (Name), Firma …, … (Abteilung/ Funktion), am Apparat.*
- *… (Name), Firma …, am Apparat.*

b Sie stellen sich am Telefon vor
- *Mein Name ist …*
- *… (Name) am Apparat. Guten Tag, Frau/Herr …*
- *Guten Tag Frau/Herr …, … (Name) am Apparat.*

Kommunikationsmittel: Präsentation von Unternehmen und Produkten

| Teil I | Teil II | Teil III | Teil IV | Teil V | **Teil VI** | Teil VII |

c Sie nennen den Anlass eines Anrufs (im gegebenen Kontext)

Frau/Herr …,
- ich rufe Sie im Anschluss an unser Gespräch auf der Messe in … an.
- Sie erinnern sich sicher an unser Gespräch auf der Messe in … Ich hatte Ihnen … zugeschickt.
- ich hatte Ihnen im Anschluss an unser Gespräch auf der Messe in … zugeschickt.
- es geht um Folgendes: Sie hatten mich gebeten, Ihnen … zu schicken.
- Sie hatten um die Zusendung von … gebeten.
- wir hatten auf der Messe in … vereinbart, dass wir Ihnen …
- ich hatte / wir haben Ihnen diese … (Unterlagen) vor zirka … zugestellt/geschickt.

d Sie nennen das Ziel des Anrufs
- Ich wollte mich vergewissern, dass Sie diese … (Unterlagen) erhalten haben und …
- Ich wollte jetzt kurz nachfragen, / mich informieren, …
  - … ob Sie schon Gelegenheit hatten, die … (Unterlagen) zu prüfen.
  - … ob Sie schon prüfen konnten, inwieweit unser Angebot von Interesse ist.
  - … ob unser Angebot Ihr Interesse gefunden hat.
  - … ob Sie möglicherweise zusätzliche Informationen benötigen.
  - … ob Sie … schon vielleicht prüfen konnten.

8. Sie sprechen über Erfahrungen mit Partnern aus anderen Kulturen

a Sie berichten über Erlebnisse, Erfahrungen mit Partnern aus anderen Kulturen

Also,
- ich habe oft bemerkt/beobachtet, dass die (Deutschen/Österreicher/Schweizer) …
- es ist mir aufgefallen, dass …
- ich habe oft die Beobachtung/Erfahrung gemacht, dass …
- Wenn man …, ist es häufig so, dass die (Deutschen/Österreicher/Schweizer) …
- Die (Deutschen/Österreicher/Schweizer), die ich kenne, / denen ich begegnet bin, / mit denen ich zu tun habe, …

Wenn unsere (deutschen/österreichischen/schweizerischen) Partner / wir … (Ihre Landsleute) …, dann …
- empfinden wir / die (Deutschen/Österreicher/Schweizer) das als …
- haben wir / die (Deutschen/Österreicher/Schweizer) den Eindruck / das Gefühl, dass …
- sehen wir / die (Deutschen/Österreicher/Schweizer) darin ein Zeichen / einen Beweis dafür, dass sie …

b Sie bestätigen oder relativieren Einschätzungen, Eindrücke
- Ich kann aus meiner Erfahrung (nicht wirklich) bestätigen, dass …
- Ich habe auch/eher/eigentlich nicht den Eindruck, dass …
- Die (Deutschen/Österreicher/Schweizer), mit denen ich zu tun (gehabt) habe, waren oft auch/ nicht …
- Das entspricht auch/nicht meinen eigenen Erfahrungen mit ihnen: …
- Die meisten (Deutschen/Österreicher/Schweizer), die ich getroffen habe, …
- Ich persönlich finde sie wirklich/ziemlich/überhaupt nicht …, denn …

Teil **VII**

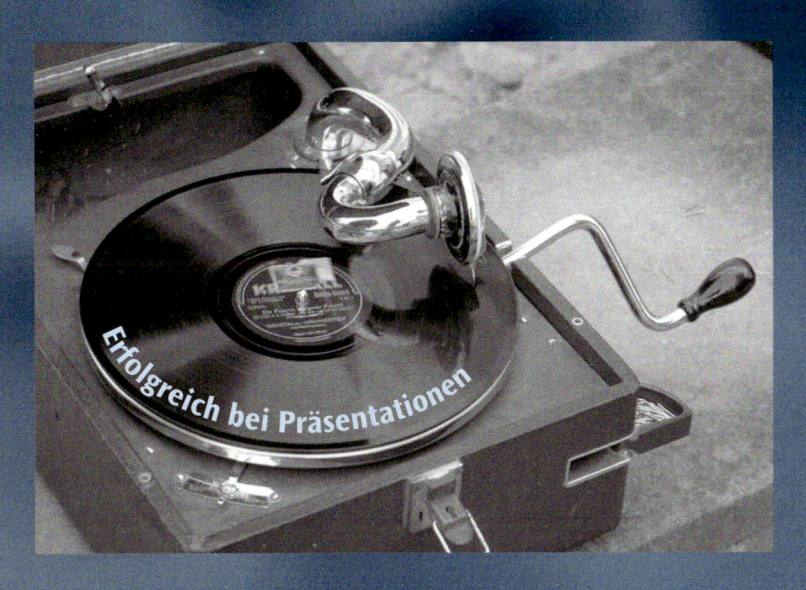

Erfolgreich bei Präsentationen

Hörtexte

III, A 2., Seite 30

Ein informatives Gespräch am Messestand

Laschka: Guten Tag. Mein Name ist Laschka, von der Firma Schreiner. Vielleicht möchten Sie sich einfach hier auf unserem Stand mal umsehen … oder suchen Sie was Bestimmtes?

Döring: Ja, grüß Gott. Ähm, mich würden vor allem diese Folien, die Sie hier ausstellen, interessieren.

Laschka: Ach, Sie meinen die Color-Laserfolien hier?

Döring: Ja, genau … Wir verwenden schon so was Ähnliches …

Laschka: Darf ich fragen, um was für ein Unternehmen es sich handelt?

Döring: Ja, also … wir sind ein Zulieferunternehmen der Automobilindustrie und da verwenden wir natürlich Laserfolien für die Beschriftung der Bauteile …

Laschka: Ja, Herr … ähm … darf ich Sie nach Ihrem Namen fragen?

Döring: Döring.

Laschka: Ja, Herr Döring, diese Kundschaft kennen wir gut. Unsere Folie wird hier bei vielen namhaften Autologolisten, Automobilfirmen … hier in ganz Deutschland eingesetzt und wir haben damit die besten Erfahrungen.

Döring: Also, mich würde jetzt zunächst mal interessieren, ob wir die auf den Lasern, die bei uns im Einsatz sind, … also ob wir Ihre Folien da verarbeiten, … ob wir sie beschriften können.

Laschka: Was sind das für Laser?

Döring: Wir setzen Inkjet-Laser ein.

Laschka: Inkjet-Laser – überhaupt kein Problem! Im Gegenteil, da laufen unsere Folien hervorragend, das kann ich Ihnen vorab schon mal sagen. Und – das ist ja das Neue an der Sache – völlig emissionsfrei!

Döring: Hm – das möchte ich dann erst mal mit eigenen Augen sehen. Und diese Folien gibt's aber nur in den beiden Farbtönen?

Laschka: Ja, das sind die beiden Grundfarbtöne der Folien – das sind ja auch die Farben, die gerade in der Automobilindustrie üblich sind – aber für die Beschriftung selbst können Sie natürlich jede andere Farbe verwenden.

Döring: Hm, also, bei uns …

Laschka: Natürlich stellen wir diese Folie in der Breite und in den Mengen her, so wie Sie es haben möchten. Unterschiedliche Kleber sind möglich. Also wir haben hier sehr, sehr viele Möglichkeiten.

Döring: Hm …

Laschka: Ja, also es wäre vielleicht schön, wenn wir hier von Ihnen schon einige weitere Angaben noch haben könnten, was Mengen, Breiten anbelangt. Auch welche Farben, welchen Kleber etc., damit wir hier uns schon mal genauere … ein genaueres Bild machen können. Haben Sie da schon eine Vorstellung?

Döring: Das ist ein Schritt, den wir dann als nächstes gehen müssten, aber da ist hier nicht der richtige Ort und da habe ich jetzt auch nicht wirklich die Zeit dazu … Ähm, könnten Sie mir da vielleicht irgendwelche Unterlagen zukommen lassen?

Laschka: Aber selbstverständlich. Ich kann Ihnen hier fürs erste Mal einige Prospekte mitgeben …

Döring: Ah, nee … Prospekte nicht …

Laschka: Nein, nein … kein Problem, deswegen frag' ich ja …

Döring: Also so … so viele Taschen kann man ja gar nicht bei sich haben, dass man das alles mitschleppt.

Laschka: Ja, klar … Wenn Sie vielleicht eine Karte dabei haben …

Döring: Gerne …

Laschka: Danke. Ja, Herr Döring. Dann schicke ich Ihnen da gerne entsprechende Unterlagen zu.

Döring: Ja, das wär' mir lieb.

Laschka: Hm, … gut, dann würde ich Ihnen, sagen wir mal, in der nächsten Woche Informationsmaterial zuschicken. Einige Laufmeter an Folie würde ich auch mal vorschlagen, damit Sie das mal bei sich im Hause testen können. Moment … ich notier' mir das jetzt mal eben … Hätten Sie da jetzt Bedarf an einer bestimmten Farbe, oder ist Ihnen das fürs erste Mal egal?

Döring: Das kann ich Ihnen so nicht sagen. Das ist ja dann auch eine Frage des Designs. Da bin ich dann nicht wirklich zuständig … Das müssten wir dann schauen, wenn wir Ihre Unterlagen haben – da melden wir uns dann noch mal zurück.

Laschka: Ja, gut, Herr Döring, verbleiben wir dann so: Ich hab ja Ihre Karte und Ihre Adresse. Und ich schick' Ihnen in der nächsten Woche dann das Informationsmaterial zu.

Döring: Ja, genau. Wir melden uns dann eventuell zurück.

Laschka: Vielen Dank, ich wünsche Ihnen noch einen schönen Tag auf der Messe.

Döring: Besten Dank. … Auf Wiedersehen.

III, B 4., Seite 36

Ein Beratungsgespräch mit einem Kunden

Dargahi: Guten Tag. Mein Name ist Dargahi, von der Bibliothek Köln. Ich glaube, Sie sind Herr Laschka?

Laschka: Ja richtig. Grüß Gott, Herr Dargahi, schön, dass das geklappt hat.

Dargahi: Ja, es freut mich auch, dass wir uns hier mal persönlich kennen lernen. Ich hatte Ihnen ja schon am Telefon gesagt, ich würde hier auf der Messe mal bei Ihnen vorbeischauen. Das ist irgendwie alles leichter, wenn man sich mal persönlich gesehen hat.

Laschka: Und, haben Sie schon was Interessantes auf der Messe gefunden?

Dargahi: Ja, ich hab jetzt schon mal so ein bisschen rumgeschaut, so die ersten Eindrücke gesammelt. Ist ja wirklich riesengroß hier auf der neuen Messe. Ich war ja sonst die letzten Jahre immer noch in München auf der alten Messe, da auf der Theresienhöhe, und ich muss schon sagen, die hat sich ganz schön gemausert, die Münchner Messe. Gefällt mir sehr gut …

Laschka: Hm. Also, ich hatte noch gar keine Zeit, über die Messe zu gehen … aber ich werde mir auch noch mal in den nächsten Tagen, bestimmt, … werd' die Gelegenheit nützen, mal so ein bisschen durch die Messehallen zu gehen und mal schauen, was der Wettbewerb macht … und wer so von den Kunden da ist. Aber, ich hab schon im Messekatalog gesehen: viele Firmen, die was in unserem Bereich machen, gibt es nicht. Also, da ist es dieses Jahr wohl eher ein bisschen dünn gesät, und deswegen freue ich mich natürlich um so mehr, dass Sie jetzt heute bei uns sind und … Herr Dargahi, vielleicht darf ich Ihnen was zu trinken anbieten?

Dargahi: Ach ja, das ist sehr nett … vielen Dank.

Laschka: Darf ich Sie kurz hier rüber bitten.

Dargahi: Ja gern, danke.

Laschka: Ja, Sie sehen hier: Das Haus Schreiner besteht nicht nur aus Transponder-Etiketten. Sie sehen hier eine ganze Auswahl an … Produkten. Was darf ich Ihnen anbieten? Kaffee, Tee oder lieber was Frisches?

Dargahi: Also, lieber was Frisches … Ja, gerne … Vielen Dank! … Ja, in der Tat, das wusst' ich gar nicht, dass Sie da so ein vielseitiges Angebot haben. Da gibt's vielleicht noch mehr, was uns mal interessieren könnte. Aber im Augenblick steht bei uns die Neuorganisation des ganzen Ausleihsystems ganz oben auf der Liste und … da wollte ich mich eben mal ganz einfach mal schlau machen, was da so angeboten wird.

Laschka: Ja genau, darum ging's ja auch bei Ihrem Anruf, dass Sie da auch dann möglicherweise den Einsatz der Transponder-Technologie erwägen. Übrigens haben wir da schon einige Pilotprojekte in Deutschland laufen … oder realisiert bei einigen Bibliotheken. Wir haben jetzt eine Bibliothek in Plaun und in Siegburg ausgestattet. Die Pilotinstallation ist abgeschlossen und das ist für uns immer ganz wichtig auch wirklich dann den … Echtfall mal zu sehen. Also das ist sehr erfolgreich gelaufen.

Dargahi: Gäb's die Möglichkeit, so was mal vor Ort zu sehen?

Laschka: Das wollte ich Ihnen gerade vorschlagen. Ich denke, das wäre auch für Sie eine gute Gelegenheit, sich da einfach mal selbst ein Bild zu machen. Ich würd' mich da gern auch anbieten, das zu koordinieren. Weil Sie dann einfach noch … ähm, besser, also weil Sie einen Eindruck von der Technologie bekommen … über die Möglichkeiten und Vorteile.

Dargahi: Ja, hört sich gut an. Wir haben bei uns natürlich in Köln das Problem, wir haben ja sehr unterschiedliche Standorte, das habe ich Ihnen, glaube ich, schon am Telefon gesagt. Also, unter Umständen müsste man auch da mal drüber sprechen, dass wir hier verschiedene Bibliotheken unter Umständen ausstatten. Das wäre also einmal bei uns die Stadtbibliothek. Dann haben wir eine sehr große Universität natürlich auch in Köln und da habe ich auch schon die ersten Gespräche geführt. Da geht's natürlich nicht nur um die Archivierung. Sie wissen ja, wie das so ist in den Universitätsbibliotheken: Da gibt's auch sehr große und wertvolle Bücher … und dann … hat man auch leider immer das Problem das – kennen Sie ja auch – also die Studenten hin und wieder … die lassen ja mal so das eine oder andere mitgehen … und das ist eben dann auch unser eins … eins von unseren Problemen. Wie man das besser in den Griff bekommen kann, dazu hätte ich ganz gerne noch mal bisschen Informationen von Ihnen gehabt.

Laschka: Ja, also zum Thema verschiedene Standorte: Wir haben da sehr viele Kunden, auch aus dem Industriebereich, und die haben meistens auch häufig verschiedene Standorte. Im Normalfall ist es dann so, dass man mit einem Standort anfängt. Dass man dort, also meistens in der Zentrale, dort eine Pilotinstallation durchführt … und erst wenn es dort dann wirklich zu hundert Prozent läuft und auch zur Zufriedenheit des Kunden, wird man dann … wird man dann gemeinsam versuchen, diese Applikation auch auf die verschiedenen Zweigstellen auszuweiten. Und ich denke, dass es in Ihrem Fall ähnlich sein könnte.

Dargahi: Ja, genau! >

| Teil I | Teil II | Teil III | Teil IV | Teil V | Teil VI | **Teil VII** |

Laschka: Zum zweiten Punkt, ich meine die Warensicherung: Das ist natürlich auch ein Problem, das wir kennen. Wobei Sie ja im Moment schon, nehme ich an – wenn ich mich so richtig erinnere – schon eine Warnsicherung über Ihr S-Etiketten nutzen …

Dargahi: Ja, aber, wie gesagt …

Laschka: Sie haben wahrscheinlich die Anlagen von der Firma Sensomatik?

Dargahi: So ist es, ja.

Laschka: Natürlich können die Transponder-Etiketten diese Funktion der Warensicherung mit abdecken. Aber darüber hinaus bietet natürlich die Technologie noch erheblich mehr Vorteile. Alles was mit Selbstverbuchung, mit der Ausleihe, mit der Rückgabe und natürlich auch langfristig mit einer personenlosen Bibliothek einhergeht, lässt sich über diese Technologie realisieren. Verstehe ich Sie richtig, dass es Ihnen primär um diese Fragen geht, dass Sie hier Lösungen suchen?

Dargahi: Ja, das ist natürlich unser Hauptanliegen.

Laschka: Also, ich sehe da, wie gesagt, die Möglichkeit, bei einem Kunden, mit dem wir schon zusammenarbeiten, einfach mal ein Besuch zu organisieren. Aber zum anderen können wir durchaus auch bei Ihnen im Haus eine Testvorstellung machen, sodass Sie einfach mal sehen, wie so was bei Ihnen laufen könnte.

Dargahi: Das wär' wahrscheinlich noch praktischer. Denn was diese technischen Aspekte anbetrifft, bin ich eigentlich nicht der richtige Ansprechpartner! Wenn wir das bei uns im Haus machen würden, könnten ja auch die zuständigen Kollegen dabei sein, die das nachher zu betreuen haben.

Laschka: Völlig Recht. Ich denke, dass Ihr Vorschlag wirklich ganz hervorragend ist … und ich würde gerne mal bei Ihnen vor Ort in der Bibliothek in Köln … bei Ihnen mal eine Präsentation machen, einfach mal die Technologie als solche näher bringen, und Ihnen auch mal wirklich live an einer … an einem Selbstverbuchungsplatz die Funktionsweise mal aufzeigen.

Dargahi: Unbedingt, das sollten wir so festhalten.

Laschka: Ja, also, ich würde mich freuen, wenn Sie einfach mal mit einem Terminvorschlag auf mich zukommen und dann würde ich das alles koordinieren. Ich wär' auch sehr daran interessiert, wenn wir kurzfristig diesen Termin auch realisieren könnten.

Dargahi: Gut, Herr Laschka. Ihr Angebot nehm' ich natürlich gerne an. Ich werd' das bei uns vor Ort mal besprechen. Dabei wird natürlich dann auch die Kostenfrage zur Sprache kommen. Also im Klartext: Wie schaut das aus? Müssen wir bei so einer Präsentation … müssen wir da mit Kosten rechnen? Sie wissen ja das ist ein schwieriges Thema heutzutage. Wie man so schön sagt: Was kann ich meinem Chef sagen?

Laschka: Also, das wird folgendermaßen … also, bei uns so gehandhabt: Wenn da ein wirkliches Interesse besteht, was ich jetzt – wovon ich jetzt natürlich ausgehe – …

Dargahi: Ja, natürlich, das ist der Fall.

Laschka: … dann gehört die Präsentation und die Pilotinstallation beim Kunden natürlich zu unseren normalen Vertriebsaktivitäten. Wenn es dann darum geht, wirklich ein Konzept zu erstellen, ein Pflichtenheft, ein Lastenheft usw. … da kommen dann natürlich auch entsprechende Aufwendungen auf unserer Seite hinzu und die sind dann nicht mehr über die reine Vertriebsaktivität abgedeckt. Aber ich denke, da finden wir dann auch ein Finanzierungsmodel. Also, wenn sie so weit sind, dann denke ich, kann man da immer noch darüber sprechen.

Dargahi: Ja, dann verbleiben wir doch mal so. Ich werde jetzt bei uns erst mal darüber berichten und dann würd' ich mich in den nächsten ein bis zwei Wochen bei Ihnen wieder telefonisch melden. Dann können wir dann einen Termin vereinbaren für Ihren Besuch.

Laschka: Also ich, … ja ich würde mich freuen, wenn das bald klappt.

Dargahi: Auf alle Fälle hören Sie von mir in den nächsten ein bis zwei Wochen. Ich muss jetzt nur noch mal schauen, wann ich bei uns alle Leute an einen Tisch kriege, und dann melde ich mich bei Ihnen und dann machen wir das, okay?

Laschka: Dann wünsche ich Ihnen noch einen schönen Messeaufenthalt, Herr Dargahi.

Dargahi: Ja, danke.

Laschka: Danke für das Gespräch und ich freu' mich auf ihren Anruf.

Dargahi: Der kommt wie versprochen! Wiedersehen, Herr Laschka.

Laschka: Wiedersehen, Herr Dargahi.

IV, A 4., Seite 42

Gespräch mit Kollegen

Laschka: Entschuldigung, ist hier vielleicht noch 'nen Platz frei?

Krautschik: Natürlich. Bitte.

Laschka: Danke. … Ganz schöner Betrieb hier. Kein Wunder, dass da niemand an den Ständen ist!

Thalmann: Ja, also um diese Zeit ist einfach überall mal Kaffeepause.

Krautschik: Darf ich Sie fragen … ich mein', Sie waren doch gestern auch bei der Präsentation von X-Druck … oder täusch' ich mich da?

Laschka: Ja, genau – ich glaub', ich habe Sie auch gesehen. Mein Name ist Laschka, Firma Schreiner – wir sind da ganz hinten, in der Halle E.

Krautschik: Peter Krautschik, Laserprint – und das ist Frau Thalmann, wir kommen aus dem gleichen Haus.

Laschka: Angenehm.

Thalmann: Guten Tag.

Krautschik: Und, was war so Ihr Eindruck … ich mein' gestern?

Laschka: Ach, ich weiß nicht … Also, viel Neues gab's da nun wirklich nicht für uns!

Krautschik: Genau! Und dafür der ganze Aufwand!

Laschka: Da sitz ich dann lieber mal 'ne Viertelstunde hier und streck die Beine aus.

Thalmann: So viel rumgelaufen, heute?

Laschka: Ja, beides, beides: einmal rumgelaufen und natürlich dann auch selber bei uns am Messestand. Hm, und das war heut' ein schlimmer Tag, sag ich Ihnen, so viele Leute da …

Thalmann: Schlimm oder erfolgreich?

Laschka: Ja, sag ich mal … beides. Sag ich mal beides. Erfolgreich bestimmt auch. Aber diese Messe geht fünf Tage. Das ist einfach zu lang, das ist einfach zu lang …

Thalmann: Finden Sie zu lang?

Laschka: Ja, also Standdienst fünf Tage, das ist schon ziemlich lang. Bis mittags ging gar nichts … also da haben wir uns alle von Stand zu Stand selber angeguckt, da kam kein Besucher und – mein Gott – wir sitzen ja auch da hinten in der letzten Halle … also ehe die Leute bei uns durch sind, ist Mittag. Aber am Mittag, da geht's dann richtig los, da werden wir förmlich überrollt.

Krautschik: Da haben wir den Vorteil, dass wir dieses Jahr in Halle A1 sind, da haben wir sozusagen alle Leute die am Haupteingang reinkommen, die kommen erst mal an unserem Stand vorbei. Grad' am Vormittag ist da dann natürlich unheimlich viel los. Gegen Nachmittag, wenn die Leute dann so bei B, C, D oder bei Ihnen in E sind, da wird's für uns dann wieder ein bisschen ruhiger.

Laschka: Kann aber auch ein Nachteil sein, so ein Messestand. Das hatten wir vor zwei drei Wochen mal, glaub' ich. Da waren wir in Frankfurt und da hatten wir auch so'n … so 'nen Durchgangsstand und da habe ich dann immer festgestellt, also … ich hatte so den Eindruck, die Leute gehen alle nur vorbei bei uns. Geht Ihnen das nicht auch so?

Thalmann: Das kommt ganz drauf an, wie attraktiv der Messestand ist.

Laschka: Da hab'n Sie sicher Recht! Vielleicht sollten wir mal unseren Messestand überarbeiten.

Thalmann: Der Tipp war gratis!

Krautschik: Gut, dass hängt natürlich auch teilweise davon ab, was für ein Publikum kommt. Es können genauso, ich sag' mal, Lehrlinge oder Schulklassen sein, die von der Fachhochschule kommen. Die, ich sag' mal, ihr Pflichtprogramm absolvieren und da durch die Hallen jagen, und das kann natürlich genauso gut auch das Fachpublikum sein, die sich bestimmte Firmen raussuchen. Das kann man immer – finde ich – nicht so richtig beantworten.

Laschka: Also wenn die Leute bei uns schon immer mit den großen Taschen an den Stand kommen, dann wissen wir: Das ist kein Fachpublikum … die wollen nur unsere Werbegeschenke und … aber, das ist ja mittlerweile bisschen besser geworden, nachdem sie jetzt die Eintrittspreise hier von zehn auf vierzig Euro erhöht haben …

Krautschik: Ja, es sind nicht mehr so viele Studenten da und Hausfrauen …

Thalmann: Stimmt.

Krautschik: … und wenn jemand kommt, dann hat er doch meistens auch konkrete Anfragen. Also, das hat sich schon erheblich verbessert.

Thalmann: Ja, und ich finde, das kommt immer so stoßweise. Das ist wie früher, als Siemens seine Leute in einen Bus gepackt hat und Sie busweise zu 'ner Messe gefahren hat. Dann wusste man genau: wenn man drei vier Leute hintereinander hatte, die hatten alle Siemens Visitenkarten in der Hand.

Laschka: Ja, aber so ähnlich läuft das ja hier ja auch manchmal noch ab. Da hat man ein, zwei Stunden … da weiß man wirklich nicht, was man machen soll, weil einfach kein Kunde kommt, nicht mal jemand, den man ansprechen kann. Und dann kommen auf einmal gleich so viele, da weiß man gar nicht, wenn man als erstes bedienen soll. >

Krautschik: Das scheint nun mal ein Gesetz der Messe zu sein …

Thalman: … der Masse …

Krautschik: … der Masse … dass, wenn man dann im Gespräch ist, dann kann man sicher sein, dass gleich noch mal zwei oder drei andere kommen … also so eine gleichmäßige Auslastung auf dem Messestand, das würde man sich natürlich wünschen, aber das ist irgendwie unmöglich.

Laschka: Und da kann die Zeit dann manchmal so richtig schön lang werden, da sehnt man sich den achtzehn Uhr Gong herbei.

Thalmann: Ja, das kennen wir alle. Aber, bevor der Gong kommt, müssen wir uns jetzt leider schon mal ausklinken … glaube ich. Was meinen Sie, Herr Krautschik?

Krautschik: Oh ja! Klar. Höchste Zeit!

Laschka: Da wünsch' ich noch 'ne frohe Messe und 'nen schönen Tag noch.

Thalmann: Danke! Wiedersehen.

Krautschik: Wiedersehen!

Laschka: Auf Wiedersehen.

IV, B 1., Seite 44

Unterhaltung mit einem Geschäftspartner

Laschka: Hallo, Herr Schröter! … So 'ne Überraschung. Ich wusst' ja gar nicht, dass Sie hier auf die Messe kommen.

Schröter: Ach, Herr Laschka, freut mich, dass ich Sie hier grad' treffe … war auch eigentlich nicht vorgesehen, dass ich diese Messe auch noch mache … aber ich bin dann im letzten Augenblick für eine Kollegin eingesprungen, die Frau Spitz.

Laschka: Haben Sie 'nen Moment Zeit, ich wollt' gerade mal auf die Schnelle was trinken.

Schröter: Ja, gern, 'ne kleine Pause kann ich gut gebrauchen … Und wie ist's bei Ihnen? Sind Sie zufrieden?

Laschka: Ja, ist ja ganz gut gelaufen, kann man schon sagen, aber … jetzt sind wir dann doch langsam froh, dass es dem Ende entgegen geht. Das war wie immer ein ganz schöner Stress.

Schröter: Glaub' ich Ihnen gerne, glaub' ich gerne … Aber, sagen Sie mal: Sie sehen trotzdem blendend aus. Ist das Urlaubsfarbe … oder täusch' ich mich da?

Laschka: Na ja. Wer eine Woche lang hier auf der Messe rumrennt, muss vorher auch mal Kräfte sammeln.

Schröter: Aha, daher. War'n Sie im Gebirge?

Laschka: Ne, mit Skifahren hab' ich's nicht so, mit der Kälte … Nein, dann lieber in den Süden.

Schröter: Und wo waren Sie?

Laschka: Tunesien.

Schröter: Ah, Tunesien, sicher schön?

Laschka: Ich hab' so 'ne Studienreise durch Tunesien gemacht … Moment, was nehmen Sie?

Schröter: Ich glaub', ich vertrag' 'nen Kaffee.

Laschka: Bitte, Ober, zwei mal Kaffee bitte!

Schröter: Ja wegen Tunesien wollte ich Sie noch fragen. Da wollte ich auch schon immer mal hin. Können Sie mir das empfehlen? Ist es da zurzeit nicht fürchterlich heiß?

Laschka: Ja, also, wenn man das als Studienreise macht, so voll organisiert, dann macht das schon sehr viel Spaß. Mann muss sich da nicht selber um alles kümmern. Man wird so ein bisschen … ja, da ist alles organisiert und man muss nirgendwo anstehen und … Vielen Dank! … Ja, also das macht schon sehr viel Spaß. Ich glaube, selber würde ich die Reise nicht machen, mich jetzt so auf eigene Faust ins Auto zu setzen … da wär' mir die Kultur, die Mentalität und das Land einfach zu fremd. Aber so als organisierte Studienreise, da nimmt man wirklich was mit. Also … so kann ich Ihnen das schon empfehlen.

Schröter: Ich glaub', meiner Frau würde das auch gut gefallen. Die wollte immer schon mal dahin. Hätten Sie da noch irgendeinen guten Tipp? Hotels oder so? … Mit welchem … mit welchem Veranstalter waren Sie eigentlich da?

Laschka: Jaja, also, wir sind ja – wie gesagt – mit einem Veranstalter gefahren … „Studiosos" heißen die … mit denen sind wir gefahren. Das war so ein fertiger Ablauf … Es gibt da auch ganz verschiedene Studienreisen im Angebot … Ihrer Frau würd' das bestimmt gefallen. Sie haben doch damals auch diese Türkeireise … glaube ich … da waren Sie doch beide begeistert.

Schröter: Ja, deshalb würd' mich das auch interessieren. Der Tipp ist sicher gut … Was ich Sie noch fragen wollte … ist die Frau Baumann zufällig auch mit auf der Messe? Ich hätte nämlich mit der …

Laschka: Wie? Nee, nee, tut mir Leid, die ist dieses Jahr nicht mit dabei. Aber … ich kann Ihnen gerne die Nummer …

Schröter: Nein, nein, das eilt nicht. Ich hab' jetzt sowieso noch 'ne Menge anderer Sachen auf dem Programm.

Laschka: So … Herr Schröter, ich glaub, ich muss jetzt zum Stand zurück, bei uns läuft's auf Hochtouren. Ja, hat mich jetzt wirklich gefreut, Sie hier zu sehen. Schauen Sie noch mal irgendwann bei uns vorbei?

Schröter: Ja, wird sich sicher machen lassen … Nein, nein, lassen Sie nur, ich zahl' das schon.

Laschka: Oh, danke. Ja, bis später dann – und falls wir uns verpassen: Von der haben wir noch gar nicht gesprochen heute – grüßen sie doch bitte Ihre Frau!

Schröter: Danke, mach' ich gern. Bis später dann vielleicht!

V, A 3., Seite 50

Nachmessekontakt am Telefon

Döring: Klaus Döring, Fischer-Automotive.

Laschka: Guten Tag, Herr Döring. Mein Name ist Laschka, von der Firma Schreiner in Oberschleissheim.

Döring: Guten Tag.

Laschka: Herr Döring, wir kennen uns von der Hannover-Messe her. Sie waren ja bei uns am Messestand vor zirka drei Wochen und da haben wir Ihnen Unterlagen zuschicken dürfen. Ich wollte mich jetzt mal vergewissern, ob Sie das auch bekommen haben.

Döring: Ja. Moment … Worum ging's denn noch mal dabei?

Laschka: Ja, also … Sie hatten Interesse gezeigt an unseren Produkten und ich habe Ihnen auf Ihren Wunsch dann umgehend Informationsmaterial geschickt. Ich hab' grad' eine Kopie des Schreibens vor mir. Das ist am … ja das ist vor zirka zwei Wochen an Sie rausgegangen zu Ihren Händen. Müssten Sie eigentlich bekommen haben, Herr Döring.

Döring: Kann sein, kann sein. Aber Sie wissen ja sicher, Herr Laschka, wie das nach so 'ner Messe ist. Da gibt's dann immer 'ne Menge Papier und bis man da mal durch ist … Vielleicht helfen Sie mir da noch mal eben weiter …

Laschka: Es geht um unsere Color-Laserfolie für die Beschriftung von …

Döring: Ach, jetzt fällt's bei mir, ja richtig … Und Sie haben mir da was zugeschickt?

Laschka: Ja, vor zirka zwei Wochen. Sie wollten das bei sich im Hause noch mal vorlegen und ich hatte angeboten, ich meld' mich dann bei Ihnen um … ja, um unter Umständen hier genauere Informationen noch mal abzufragen. Haben Sie da mittlerweile schon was machen können?

Döring: Ja, also gut, dass Sie mich jetzt da noch mal erinnert haben. Ich hab' da schon direkt nach der Messe mit einigen Kollegen aus der Herstellung gesprochen. Da gäb's schon ein gewisses Interesse. Wenn wir jetzt Ihre Unterlagen haben, werden die sich das noch mal genauer anschauen.

Laschka: Denken Sie nicht, dass da ein Besuch von unserer Seite …?

Döring: Also, ich geb' jetzt erst mal Ihre Unterlagen weiter. Bei einem eventuellen Besuchstermin sollten dann auch die Herren vom Einkauf und vom Qualitätsmanagement dabei sein. Da ist das dann mit den Terminen nicht immer ganz einfach – das wird bei Ihnen ja ähnlich sein. Ich schlag' vor, Sie rufen mich einfach in zwei Wochen noch mal an. Da kann ich Ihnen dann mehr sagen.

Laschka: Ja, das können wir gerne so machen. Wir haben da in Ihrem Gebiet einen Außendienstmann, der ist gar nicht so weit weg, ich glaube so fünfzig Kilometer von Ihnen – der ist da im Raum Frankfurt. Das ist also unser Herr Schneider. Ich gebe da gerne mal Ihre Rufnummer weiter, Herr Döring, wenn Sie einverstanden sind. Wollen wir so verbleiben, Herr Döring?

Döring: Ja, ich würde sagen, wir verbleiben so. Er soll mich, wie gesagt in zirka zwei Wochen anrufen, und wenn sich da bei uns ein konkreter Bedarf ergeben haben sollte, dann vereinbaren wir einen Termin.

Laschka: Ausgezeichnet, Herr Döring. Da bedanke ich mich für das Gespräch …

Döring: Vielen Dank für Ihren Anruf, Herr Laschka.

Laschka: Einen schönen Tag noch – auf Wiederhören.

Döring: Ja, danke. Auf Wiederhören.

Training berufliche Kommunikation – eine Übersicht

Die fünf Trainingsmodule bieten Unterrichtsmaterial für Berufstätige und Studierende in Aus- und Fortbildung, die sich gezielt auf ihre Kontakte mit und in deutschsprachigen Unternehmen vorbereiten wollen, aber wenig Zeit haben. Jedes Modul behandelt eine spezifische Anforderung und ist einzeln oder komplementär zu anderen z. B. in Kompaktkursen oder ergänzend in Kursen mit berufssprachlicher Ausrichtung einsetzbar.

Praxistipps aus Fachliteratur und Fachpresse sowie Audioaufnahmen von Gesprächen vermitteln nützliche Strategien und Techniken für die Gesprächsführung, auch im Hinblick auf jeweils relevante interkulturelle Aspekte der Kommunikation. Zur erfolgreichen Umsetzung dieser Strategien stellt das Material viele gängige Redemittel bereit. Vorbereitet und trainiert werden Routinesituationen aus dem beruflichen Alltag anhand von praxisnahen Fallbeispielen und Gesprächsszenarien.

Geschlossene Aufgabenblöcke mit klar definierten Lernzielen erleichtern den flexiblen Einsatz und die Anpassung an unterschiedliche Kursteilnehmerprofile und Kursformate.

Sprachliche Voraussetzungen:
Niveaustufen B2/C1 des Gemeinsamen europäischen Referenzrahmens
Kursformat:
16–24 Unterrichtsstunden pro Modul

Komponenten:
Trainingsmodul mit einer eingelegten Audio-CD
Hinweise für den Unterricht mit Lösungsschlüssel, weiterführenden Artikeln aus der Fachpresse als Kopiervorlagen und mit entsprechenden Aufgaben dazu.

Module

Erfolgreich bei Präsentationen

Präsentation von Unternehmen und Produkten im Rahmen von Messeteilnahmen; Erstkontakte zwischen Messebesuchern und Messe-Standmitarbeitern; Messegespräche zwischen Ausstellern, Kunden, Geschäftspartnern; Nachmessekontakte

Erfolgreich in Besprechungen

Terminvereinbarungen; Klärungsgespräche über Zuständigkeiten, Aufgaben, Leistungen mit internen und externen Gesprächspartnern; Leitung von bzw. Teilnahme an Projektteam-Besprechungen, Geschäftsbesprechungen

Erfolgreich in der interkulturellen Kommunikation

Verständnis sprachlicher und nicht-sprachlicher Ursachen von Kommunikationsproblemen bei der interkulturellen Zusammenarbeit; unterschiedliche Kulturstandards, sprachliche Konventionen, Wertungen, die bei der Zusammenarbeit mit deutschen Partnern zu berücksichtigen sind; Erprobung von Lösungsstrategien

Erfolgreich in Verhandlungen

Vorbereitung, Führung und Wertung von Verhandlungen mit Kollegen, Mitarbeitern, Vorgesetzten, Geschäftspartnern über Vereinbarungen, Aufgaben und Aufträge

Erfolgreich am Telefon und bei Gesprächen im Büro

Empfang von Besuchern und Gästen des Unternehmens; Routinegespräche am Telefon und im Büro mit Vorgesetzten, Mitarbeitern, Kunden, Lieferanten und Geschäftspartnern; Weitervermittlung an zuständige Ansprechpartner, Terminvereinbarungen, Auskünfte, Planung, Anmahnungen, Reklamationen; Bestätigung durch Fax oder Mail

Bildquellen

Umschlagfoto: © Mauritius Image / age
S. 5: Ullstein: © JOKER / Ausserhofer
S. 6: berlin-photo.com: © Hiss
S. 10: © Image Source
S. 13: ccc/www.c5.net: © Stauber
S. 16: ccc/www.c5.net: © Brecheis
S. 17: © verlag moderne industrie AG & KG, www.mi-verlag.de
S. 18: © AUMA
S. 21: © Schreiner Group GmbH & Co. KG
S. 23: © Max Schimmel Verlag, Würzburg 2000, S.131
S. 29: Das Fotoarchiv: © Buck
S. 30 oben: © Schreiner Group GmbH & Co. KG
S. 32: © Mauritius Image / PowerStock
S. 36: © Schreiner Group GmbH & Co. KG
S. 39: bildfolio: © bostelmann
S. 45 (rechts): © Visum
S. 45 (links): Fotex: © Zorin
S. 45 (Mitte): AP Photo / Fotopress: © Durrant
S. 46: picture-VISUELL Pressebild: © Schindzielorz
S. 47: © mauritius images / ACES. 50: © Schreiner Group GmbH & Co. KG
S. 51 (unten): © Cornelsen: Schulz
S. 51 (oben): plainpicture / tranquillium
S. 61: Ullstein: © Rufenach

Textquellen

S. 19: © AUMA Praxis: Erfolgreiche Messebeteiligung 1998, S. 21–24
S. 25/26: © Impulse (Juli 2001)
S. 28, 31, 34/35: © Max Schimmel Verlag, Würzburg 2000, Clausen/Schreiber: Messen optimal nutzen
S. 40/41: © Wirtschaftswoche 45/00 (2.11.00)
S. 48/49: © Fit for Fun 9/97

Nicht alle Copyrightinhaber konnten ermittelt werden; deren Urheberrechte werden hiermit vorsorglich und ausdrücklich anerkannt.